柳诒徵评传

孙永如／著

百花洲文艺出版社
BAIHUAZHOU LITERATURE AND ART PRESS

國學大師叢書

目　录

总　序

张岱年

中华学术，源远流长。春秋战国时期，诸子并起，百家争鸣，呈现了学术思想的高度繁荣。两汉时代，经学成为正统；魏晋之世，玄学称盛；隋唐时代，儒释道三教并尊；到宋代而理学兴起；迨及清世，朴学蔚为主流。各个时代的学术各有特色。综观周秦以来至于近代，可以说有三次思想活跃的时期。第一次为春秋战国时期，诸子竞胜。第二次为北宋时代，张程关洛之学、荆公新学、苏氏蜀学，同时并兴，理论思维达到新的高度。第三次为近代时期，晚清以来，中国遭受列强的凌侵，出现了空前的民族危机，于是志士仁人、英才俊杰莫不殚精积思，探索救亡之道，各自立说，期于救国，形成中国学术思想史上的第三次众说竞胜的高潮。

试观中国近代的学风，有一显著的倾向，即融会中西。近代以来，西学东渐，对于中国学人影响渐深。深识之士，莫不资西学以立论。初期或止于浅尝，渐进乃达于深解。同时这些学者又具有深厚的旧学根柢，有较高的鉴别能力，故能在传统学术的基础之上汲取西方的智慧，从而达到较高的成就。

试以梁任公（启超）、章太炎（炳麟）、王静安（国维）、陈寅恪四家为例，说明中国近代学术融会中西的学风。梁任公先生尝评论自己的学术云：“康有为、梁启超、谭嗣同辈……

欲以构成一种不中不西即中即西之新学派……盖固有之旧思想既根深蒂固，而外来之新思想又来源浅觳，汲而易竭，其支绌灭裂，固宜然矣。”（《清代学术概论》）所谓“不中不西即中即西”正表现了融合中西的倾向，不过梁氏对西学的了解不够深切而已。梁氏自称“适成为清代思想史之结束人物”，这未免过谦，事实上梁氏是近代中国的一个重要的启蒙思想家，诚如他自己所说“为《新民丛报》、《新小说》等诸杂志……二十年来学子之思想颇蒙其影响……其文条理明晰，笔锋常带感情，对于读者别有一种魔力焉”。梁氏虽未能提出自己的学说体系，但其影响是深巨的。他的许多学术史著作今日读之仍能受益。

章太炎先生在《菿汉微言》中自述思想迁变之迹说：“少时治经，谨守朴学……及囚系上海，三岁不觌，专修慈氏世亲之书……乃达大乘深趣……既出狱，东走日本，尽瘁光复之业，鞅掌余间，旁览彼土所译希腊德意志哲人之书……凡古近政俗之消息、社会都野之情状，华梵圣哲之义谛、东西学人之所说……操齐物以解纷，明天倪以为量，割制大理，莫不孙顺。”这是讲他兼明华梵以及西哲之说。有清一代，汉宋之学争论不休，章氏加以评论云：“世故有疏通知远、好为玄谈者，亦有言理密察、实事求是者，及夫主静主敬、皆足澄心……苟外能利物，内以遣忧，亦各从其志尔！汉宋争执，焉用调人？喻以四民各勤其业，瑕衅何为而不息乎？”这是表示，章氏之学已超越了汉学和宋学了。太炎更自赞云：“自揣平生学术，始则转俗成真，终乃回真向俗……秦汉以来，依违于彼是之间，局促于一曲之内，盖未尝睹是也。乃若昔人所谓专志精微，反致陆沉；穷研训诂，遂成无用者，余虽无腆，固足以雪斯耻。”太炎自负甚高，梁任公引此曾加评论云：“其所自述，殆非溢美。”章氏博通华梵及西哲之书，可谓超越前哲，但在哲学上建树亦不甚高，晚岁又回到朴学的道路上了。

王静安先生早年研习西方哲学美学，深造有得，用西方美学的观点考察中国文学，独辟蹊径，达到空前的成就。中年以后，专治经史，对于殷墟甲骨研究深细，发明了“二重证据法”，以出土文物与古代史传相互参证，达到了精确的论断，澄清了殷周史的许多问题。静安虽以遗老自居，但治学方法却完

全是近代的科学方法，因而取得卓越的学术成就，受到学术界的广泛称赞。

陈寅恪先生博通多国的语言文字，以外文资料与中土旧籍相参证，多所创获。陈氏对于思想史更有深切的睿见，他在对于冯友兰《中国哲学史》的《审查报告》中论儒佛思想云："佛教学说，能于吾国思想史上发生重大久远之影响者，皆经国人吸收改造之过程。其忠实输入不改本来面目者，若玄奘唯识之学，虽震动一时之人心，而卒归于消沉歇绝……在吾国思想史上……其真能于思想上自成系统，有所创获者，必须一方面吸收输入外来之学说，一方面不忘本来民族之地位。"这实在是精辟之论，发人深思。陈氏自称"平生为不古不今之学，思想囿于咸丰同治之世，议论近乎曾湘乡张南皮之间"，但是他的学术成就确实达到了时代的高度。

此外，如胡适之在文化问题上倾向于"全盘西化论"，而在整理国故方面作出了多方面的贡献。冯友兰先生既对于中国哲学史进行了系统的阐述，又于40年代所著《贞元六书》中提出了自己的融会中西的哲学体系，晚年努力学习马克思主义，表现了热爱真理的哲人风度。

胡适之欣赏龚定庵的诗句："但开风气不为师。"熊十力先生则以师道自居。熊氏戛戛独造，自成一家之言，赞扬辩证法，但不肯接受唯物论。冯友兰早年拟接续程朱之说，晚岁归依马克思主义唯物论。这些大师都表现了各自的特点。这正是学术繁荣，思想活跃的表现。

百花洲文艺出版社有鉴于中国近现代国学大师辈出，群星灿烂，构成中国思想史上第三次思想活跃的时代，决定编印《国学大师丛书》，以表现近代中西文明冲撞交融的繁盛景况，以表现一代人有一代人之学术的丰富内容，试图评述近现代著名学者的生平及其学术贡献，凡在文史哲任一领域开风气之先者皆可入选。规模宏大，意义深远。编辑部同志建议我写一篇总序，于是略述中国近现代学术的特点，供读者参考。

1992年元月，序于北京大学

重写近代诸子春秋

《国学大师丛书》在各方面的关怀和支持下，就要陆续与海内外读者见面了。

当丛书组编伊始（1990年冬）便有不少朋友一再询问：为什么要组编这套丛书？该丛书的学术意义何在？按过去理解，“国学”是一个很窄的概念，你们对它有何新解？“国学大师”又如何划分？……作为组织编辑者，这些问题无疑是必须回答的。当然，回答可以是不完备的，但应该是明确的。现谨在此聊备一说，以就其事，兼谢诸友。

一、一种阐述：诸子百家三代说

中华学术，博大精深；中华学子，向以自强不息、厚德载物之精神著称于世。在源远流长的中国学术文化史上，出现过三个广开风气、大师群起的“诸子百家时代”。

第一个诸子百家时代，出现在先秦时期。那时，中华本土文化历经两千余年的演进，已渐趋成熟，老庄、孔孟、杨墨、孙韩……卓然颖出，共同为中华学术奠定了长足发展的基脉。此后的千余年间，汉儒乖僻、佛入中土、道教蘖生，中华学术于发展中渐显杂陈。宋明时期，程朱、陆王……排汉儒之乖、融佛道之粹、倡先秦之脉、兴义理心性之学，于是，诸子百家时代再现。降及近代，西学东渐，中华学术周遭冲击，文化基脉遇空前挑战。然于险象环生之际，又一批中华学子，本其良知、素养，关注文化、世运，而攘臂前行，以其生命践信。正所谓“铁肩担道义，妙手著文章”，康有为、章太炎、严复、梁启超、王国维、胡适、鲁迅、黄侃、陈寅恪、钱穆、冯友兰……他们振民族之睿智，汲异域之精华，在文、史、哲领域筚路蓝缕，于会通和合中广立范式，重开新风而成绩斐然。第三个诸子百家时代遂傲然世出！

《国学大师丛书》组编者基于此，意在整体地重现“第三个诸子百家时代”之盛况，为“第三代”中华学子作人传、立学案。丛书所选对象，皆为海内外公认的学术大师，他们对经、史、子、集博学宏通，但治学之法已有创新；他们的西学造诣令人仰止，但立术之本在我中华从而广开现代风气之先。他们各具鲜明的学术个性、独具魅力的人品文章，皆为不同学科的宗师（既为“经”师，又为人师），但无疑地，他们的思想认识和学术理论又具有其时代的共性。以往有过一些对他们进行个案或专题研究的书籍面世，但从没有对他们及其业绩进行过集中的、整体的研究和整理，尤其未把他们作为一代学术宗师的群体（作为一个“大师群”）进行研究和整理。这批学术大师多已作古，其学术时代也成过去，但他们的成就惠及当今而远未过时。甚至，他们的一些学术思想，我们至今仍未达其深度，某些理论我们竟会觉得陌生。正如第一代、第二代“诸子百家”一样，他们已是中华学术文化传统的一部分，研究他们，也就是研究中国文化本身。

对于“第三代诸子百家”及其学术成就的研究整理，我们恐怕还不能说已经充分展开。《国学大师丛书》的组织编辑，是一种尝试。

二、一种观念：一代人有一代人之学术

纵观历史，悉察中外，大凡学术的进步不能离开本土文化基脉。但每一代后起学子所面临的问题殊异，他们势必要或假古人以立言、或赋新思于旧事，以便建构出无愧于自己时代的学术。这正是“自强不息、厚德载物”之精神在每一代学子身上的最好体现。以上“三代”百家诸子，莫不如是。《国学大师丛书》所沿用之“国学”概念，亦当“赋新思于旧事”而涵注现时代之新义。

明末清初，王（夫之）、顾（炎武）、黄（宗羲）、颜（元）四杰继起，矫道统，斥宋儒，首倡“回到汉代”，以表其“实学实行实用之天下”的朴实学风，有清一代，学界遂始认“汉学”为地道之国学。以今言之，此仅限“国学”于方法论，即将“国学”一词限于文字释义（以训诂、考据释古文献之义）之范畴。

《国学大师丛书》的组编者以为，所谓国学就其内容而言，系指近代中学与西学接触后之中国学术，此其一；其次，既是中国学术便只限于中国学子所为；再次，既是中国学子所为之中国学术，其方式方法就不仅仅限于文字（考据）释义，义理（哲学）释义便也是题中应有之义。综合起来，今之所谓国学，起码应拓宽为：近代中国学子用考据和义理之法研究中国古代文献之学术。这些文献，按清代《四库全书总目》的划分，为经、史、子、集四部。经部为经学（即“六经”，实只五经）及文字训诂学；史部为史志及地理志；子部为诸子及兵、医、农、历算、技艺、小说以及佛、道典籍；集部为诗、文。由此视之，所谓“国学家”当是通才。而经史子集会通和合、造诣精深者，则可称为大师，即“国学大师”。

但是，以上所述仍嫌遗漏太多，而且与近现代学术文化史实不相吻合。国学，既是“与西学接触后的中国学术”，那么，这国学在内涵上就不可能，也不必限于纯之又纯的中国本土文化范围。尤其在学术思想、学术理论的建构方式上，第三代百家诸子中那些学贯中西的大师们，事实上都借用了西学，特别是逻辑分析和推理，以及与考据学有异曲同工之妙的实证方法，还有实验方法、历史方法，乃至考古手段……而这些学术巨子和合中西之目的，又多半是“赋新思于旧事”，旨在建构新的学术思想体系，创立新的学术范式。正是他们，完成了中国学术从传统到现代的转型。我们今天使用语言的方式、思考问题的方式……乃得之于斯！如果在我们的“国学观念”中，将他们及其学术业绩排除在外，那将是不可理喻的。

至此，《国学大师丛书》之“国学”概念，实指：近代以降中国学术的总称。“国学大师”乃“近现代中国有学问的大宗师”之意。因之，以训诂考据为特征的“汉学”，固为国学，以探究义理心性为特征的“宋学”及兼擅汉宋者，亦为国学（前者如康有为、章太炎、刘师培、黄侃，后者如陈寅恪、马一浮、柳诒徵）；而以中学（包括经史子集）为依傍、以西学为镜鉴，旨在会通和合建构新的学术思想体系者（如梁启超、王国维、胡适、熊十力、冯友兰、钱穆等），当为更具时代特色之国学。我们生活在90年代，当取“一代人有一代人之学术”（国学）的观念。

《国学大师丛书》由是得之，故其“作人传、立学案”之对象的选择标准便相对宽泛。凡所学宏通中西而立术之本在我中华，并在文、史、哲任一领域开现代风气之先以及首创新型范式者皆在入选之列。所幸，此举已得到越来越多的当今学界老前辈的同情和支持。

三、一个命题：历史不会跨过我们这一代

中西文明大潮的冲撞与交融，在今天仍是巨大的历史课题。如今，我们这一代学人业已开始自己的学术历程，经过80年代的改革开放和规模空前的学术文化积累（其表征为：各式样的丛书大量问世，以及纷至沓来名目繁多的学术热点的出现），应当说，我们这代学人无论就学术视野，抑或就学术环境而言，都是前辈学子所无法企及的。但平心而论，我们的学术功底尚远不足以承担时代所赋予的重任。我们仍往往陷于眼花缭乱的被动选择和迫不及待的学术功利之中难以自拔，而对自己真正的学术道路则缺乏明确的认识和了悟。我们至今尚未创建出无愧于时代的学术成就。基于此，《国学大师丛书》的组编者以为，我们有必要先“回到近现代”——回到首先亲历中西文化急剧冲撞而又作出了创造性反应的第三代百家诸子那里去！

经过一段时间的困惑与浮躁，我们也该着实潜下心来，去重新了解和领悟这一代宗师的学术生涯、为学风范和人生及心灵历程（大师们以其独特的理智灵感对自身际遇作出反应的阅历），全面评价和把握他们的学术成就及其传承脉络。唯其贯通近代诸子，我们这代学人方能于曙色熹微之中，认清中华学术的发展道路，了悟世界文化的大趋势，从而真正找到自己的学术位置。我们应当深信，历史是不会跨过我们这一代的，90年代的学人必定会有自己的学术建树。

我们将在温情与敬意中汲取，从和合与扬弃中把握，于沉潜与深思中奋起，去创建有中国特色的社会主义新文化。这便是组织编辑《国学大师丛书》的出版宗旨。当我们这代学人站在前辈学术巨子们肩上的时候，便可望伸开双臂去拥抱那即将到来的中华学术新时代！

钱宏（执笔）

1991年春初稿

1992年春修定

序

卞孝萱

1949年前，我国北方最有声誉的历史学家是陈垣先生和陈寅恪先生，号称“二陈”。南方最有声誉的历史学家是柳诒徵先生，有“南柳北陈”之称。1949年后，由于众所周知的原因，柳先生在大陆上逐渐不为人知。拨乱反正、改革开放以来，上述情况有所扭转。中国大百科全书出版社重印了柳先生的学术名著《中国文化史》，上海古籍出版社编印了《柳诒徵史学论文集》。最近，江西百花洲文艺出版社准备推出的《国学大师丛书》中，列有柳诒徵评传选题。恢复柳先生在中国史学发展史上的应有地位，已不是遥远的事了。

不无遗憾的是，百花洲文艺出版社的编辑东奔西走，竟然找不到一位不但愿意而且有能力撰写柳传的作者，当钱宏同志了解到我与柳先生的一段文字因缘之后，远道来访，约我撰写。我与他的谈话，是从我的青少年时代说起的。

抗日战争爆发后，故乡江都县（今扬州市）沦陷，我不愿受日伪的奴化教育，负笈到里下河的溱潼镇，就读于江苏省立第一临时高级中学。有一天，我们学校里来了一位圆面修髯、声若洪钟的学者，教师们对他都很尊敬。好奇的同学打听出他就是著名的历史学家柳诒徵教授。当时，柳先生在兴化县竹泓港养病，“溱泓咫尺”，他是应他的几位学生，也就是我校的几位教师之请，来一中参观的。

在烽火连天的年代里，取名“临时”的一中，顾名思义，是一所流亡学校，藏书不多，我有幸从简陋的图书室里，发现一部铅字排印的柳先生所著的《中国文化史》，便借出来阅读。虽然十几岁的我，不可能完全读懂这部名著，中国文化史却从此引起我的浓厚兴趣，以至于成为我终身研究的课题。

抗日战争胜利后，柳先生自重庆返南京，复任国学图书馆馆长。我在上海的一家银行里工作，业余自学文史，常与柳先生通信，向他请教。柳先生知道了我孤苦的身世以后，赋诗一首为赠。诗中以清代的洪亮吉、汪中、汪辉祖勉励我，这三位学者都是由寡母抚教成名的，这就使我自学的决心更加坚定了。

1949年后，柳先生任上海市文物管理委员会委员，我在人民银行总行工作，业余仍从事于收集近代名人碑传。柳先生介绍我向他的朋友、历史学家金毓黻先生就近请教。这时，金先生已垂青于我，通过他的大力推荐，我于1956年到中国科学院（今分为中国社会科学院）近代史研究所工作，谬承史学大师范文澜所长赏识，成为他的助手。柳先生逝世后，我才将其生前的信（介绍我向金先生请教的信）拿出来给金先生看。金先生感动不已，将这件事和这封信记载在他的日记中。

从1984年起，我应南京大学之聘，为中文系培养研究生，讲授中国文化史。我始与柳先生的女儿、女婿、孙男等相识。

1986年是柳先生逝世三十周年。柳先生的故乡镇江市举行了隆重的纪念活动。除柳先生的亲属参加外，还邀请了三位来宾：一是复旦大学蔡尚思教授，他青年时期曾住在国学图书馆内读书；一是华东师范大学苏渊雷教授，他是上海市文物管理委员会的筹建者；还有一个就是我，算是柳先生的私淑弟子吧！

我对钱宏同志说，撰写柳传，我是义不容辞的；但因年老体衰，怕写不好，我郑重推荐扬州师范学院孙永如副教授承担这一任务。在撰写过程中，永如常与我商量。撰成后，我细阅了一遍，觉得书稿有如下几个优点：

一、重点突出，点面结合，比较系统而又全面地介绍了柳先生的学术发展历程及其主要的学术贡献。

柳先生是我国著名的国学大师，著述等身，成果丰硕。但多年来，尚未有人对其学术成果进行全面的整理，更谈不上系统的研究，目前撰写柳传，确有不小的困难。永如作为一个青年学者，能够知难而进，不仅相当全面地梳理了柳先生的学术成果，而且有重点地对其学术成果进行了比较深入的评析。在这部书稿中，永如没有过多地纠缠于柳先生的生活琐事，而是根据这位国学大师的人物特点，紧紧抓住其学术成果进行评述，这样，就突出了柳先生的学术特征。在篇章结构安排上，永如因人设计，量体裁衣，以专章叙述了柳先生在不同学术发展时期的三部主要代表作——《历代史略》、《中国文化史》、《国史要义》，以不多的笔墨，从柳先生的众多学术成果中梳理出了线索，清晰地勾勒出柳先生从编写教材，到研究中国文化史，转而研究中国史学理论的学术发展历程；而对柳先生的历史考论文章及其才艺特长的专章介绍，则又能从不同的侧面，反映出柳先生广博的学术造诣，丰满了这位国学大师的人物形象。由于永如的精心安排，人们读了这本传记以后，能对柳先生的学术发展历程及其主要学术贡献，有一个清楚的了解。

二、知人论世，从特定的时代背景出发，历史地考察了柳先生的学术思想。

研究历史人物，必须从具体的历史条件出发，这是马克思主义的基本要求。永如对此有较为深刻的理解。在分析柳先生的学术思想时，永如没有就事论事，而是十分注意考察当时的时代背景，将柳先生不同时期的学术思想的产生，与当时的社会状况，以及柳先生的生活环境和家庭教育的潜在影响，结合起来考虑。例如在分析柳先生为什么推崇孔子倡导的恕行之道时，既指出了当时的军阀混战使他感到人类有相安的必要，又指出了他从小就接受他母亲的恕行之道教育；在分析柳先生为什么重视孔子安贫乐道、自强不息的理想人格学说时，既指出了这种重视源于他个人对儒家理想人格学说的深刻理解，又指出了这种重视源于他个人切身的生活体验。由于永如能够从具体的时代背景中去把握柳先生的学术思想，因而，书稿中许多有关柳先生学术思想的分析，入情入理，具有较强的说服力。知人论世，是这部书稿最为成功之处。

三、实事求是，较为客观地评价了柳先生的学术得失。

中国古代史学家撰写人物传记，一贯有“不虚美，不隐恶”的优良传统。所谓“不虚美、不隐恶”，也就是实事求是，全面、客观、公正地评价历史人物的功过。永如在评价柳先生时，继承发扬了我国古代史学家的优良传统，抱着不为尊者讳、不为贤者美的科学态度，较为客观地评价了柳先生的学术得失。永如在书稿中，既以褒扬的笔调，充分肯定了柳先生的几部主要代表著作在学术界开风气之先的历史功绩，说明其真知灼见将长远地影响于后世；又以批判的精神，指出了柳先生囿于时代和政治偏见，导致其在某些问题的研究上过于崇拜古代文明，因而走进了历史误区的缺失。永如对柳先生有关汉代官议制度、周代法制状况论述的评议，就是这种客观批判精神的一个证明。由于永如坚持实事求是的原则，书稿中的许多评判，都使人耳目一新。对柳先生参加疑古争辩，以及他与梁启超关于正统史论的不同见解的分析，都写得相当精彩。

四、文笔流畅，深入浅出。

对国学大师进行评价，是一项学术性很强的工作，写作这方面的文稿，往往流于枯燥。柳先生学问精深，他的论著很专业，很古奥，要通俗易懂地阐释他的学术思想确非易事。永如在大学读书时，就立志研究历史，接着攻读硕士、博士学位，继续深造，具有较为扎实的学术功底，因而能够比较准确地把握住柳先生学术思想的内涵。在叙述方面，永如也做了很大的努力，做到了深入浅出。综观书稿，虽然讨论的是极严肃的学术问题，但行文晓畅，明白易懂，无枯涩之弊。

《柳诒徵评传》能对这位曾遭冷遇的国学大师作出公正的评价，永如的努力，是值得赞扬的。因系初创，不可避免地有不足之处。衷心期望它出版之后，能引起海内外史学界同仁的讨论，切磋琢磨，把对柳诒徵的史学研究，引向深入，从而更好地继承这份历史文化遗产。

1992年12月于南京大学

PRÉCIS

（英文提要）

Liu Yizheng (1880—1956) ,a well-known Chinese historian,educationist,bibliographer,calligrapher and poet,had little formal education but read widely,and became a famous scholar in the literature and historical circles.As a critical biography of Liu Yizheng,it commentated objectively and fairly his life and his academic achievements.There are seven chapters in the critical biography.In the first chapter,a minute description of Liu's life was made with emphasis on how he,from a wretched and helpless boy,who was fostered by his widowed mother,became an academician of the Central Research Institute of China as a famous scholar of encyclopaedic knowledge through assiduous self-directed study.In the second chapter,the author tried to commentate in detail his historical textbook,i.e."*The outlines of the History of Chinese Successive Dynasties*" (1902) ,which was written during the early years of his academic life.The book was commonly recognized as one of the most important ones of modern history of China in the early decades of 20th century.It was shown by the present author that,the effect of the book as a sample on the subsquent compilation of modern historical textbooks cannot be overestimated.In the third chapter,the author studied conscientiously a series of historical essays written by Liu Yizheng from 1920s through 1940s.After examining these historical essays carefully,the author tried to delineate subtly the inner world and historical spirit of him. In the fourth chapter,the author studied conscientiously his book named"*The Chinese cultural History*" (1926) ,which was well known as a prototype of its kind even in modern China.Ten typical aspects of the book were analysed and commented,that is,the conception of the history,the cultural spirit,the nationalism and moral principles etc.Besides,we have also summarized the inner historical spirit embedded in the book and affirmed the great academic significance of the book.In the fifth chapter,the author went on to commentate his another typical monograph about the historical theory,i.e."*The essence of Chinese history*" (1948) ,which was accomplished during the later years of his academic life,and was considered as one of his best-known academic works.According to our analysis,it was shown that his historical theory consisted of three aspects that is,taking the system of historical official in ancient China as the motif of historical theory,taking the Confucialism as the heart of the functional theory of history,and taking the theory of evolution as the underlined philosophy of the historical investigation methods.Moreover,it was shown that the monograph had important position in history science in modern China.In the sixth chapter,the author further introduced other remarkable achievements in such realms as bibliography,editigraphy,calligrap hy and poetry etc.In the last chapter,we made a brief but important summary about the overall characteristics of Liu's works on the comparison with those of Liang Qichao,who was another famous scholar of modern China.

引 首

1986年，江苏省镇江市政协举办了一系列活动，隆重纪念荣光乡梓的国学大师柳诒徵先生；1988年，中国大百科全书出版社再版了柳诒徵先生的学术名著《中国文化史》；1991年，上海古籍出版社继踵而起，出版了《柳诒徵史学论文集》。于是，柳诒徵这位在三四十年代蜚声海内外，而在近几十年来逐渐销声的国学大师，重新为世人所认知。

历史就是这样的无党无私：短暂的，尽管一时辉煌，终将谢落；永恒的，尽管一时黯淡，终将重光。

中国近代的学术舞台，可算有过极不寻常的繁荣兴旺：华梵圣哲、东西学人，纷纷登台亮相，竞争其说；崇洋派、国粹派、不中不西派，流派纷呈，相互标榜。然而，这种在中西文明的猛烈碰撞之下迸发出的异彩奇花，并非历史的正常，它终究要在历史的风霜刀剑中接受检验，循着达尔文所发现的“适者生存”规律，留良汰劣，去伪存真。

历史将生存权赋予了柳诒徵，赋予了他的学术体系和学术思想。这位以翼谋、希兆为字，以劬堂为号的我国近代著名的历史学家、教育家、古典文学家、书法家、图书馆学家和爱国主义者，在备受误解之后，重新为人们所肯定。而他的自成一格的学术体系和广博深蕴的学术思想，经过历史的磨砺，在中国学术舞台上取得了应有的地位，再次受到人们的普遍重视。

柳诒徵先生在中国学术发展史上的贡献是不可磨灭的。且不作深说，只要你打开镇江市政协所编的《柳翼谋先生纪念文集》，你就会惊讶地发现，中国近代桥梁工程学的泰斗茅以升先生、荣获过法兰西最高级荣誉勋章——荣誉军团骑士勋章的法语专家盛成先生、著名语言学家张世禄先生、著名历史学家郑鹤声先生、著名地理学家胡焕庸先生等，原来都出自于柳诒徵先生的门下，而且，他们都饱含着对先师的眷念、感激之情，写下了感人肺腑的纪念文章。桃李繁茂，园丁必勤，斯人德行，不言自明！

历史有情，历史无言。历史需要去探索，需要去揭示。茅以升先生等学术名流追悼其先师的至诚之情，撩拨了我探求历史的兴趣，催动着我去追寻这位国学大师的踪迹，揭示他经师人师、史学书学的一切。

第1章　漫漫人生路

1.1　孤苦自砺的早年（1880—1889）

1880年2月5日（清光绪五年乙卯十二月二十五日），江苏省丹徒县（今镇江市）城内第一楼街鲍宅内一小屋中，一声婴儿的啼哭，给期待已久的柳氏全家人带来了喜悦，一个宁馨儿诞生了，他就是后来成为柳氏家族骄傲的国学大师柳诒徵。

镇江，是一座具有三千年历史的江南名城。古称“朱方”，后称“谷阳”。秦统一天下后，派三千赭衣囚徒来此凿山开道，因此更名为“丹徒”。北宋以后，方称作镇江。它位居江苏中部，长江下游南岸，滔滔东下的长江与滚滚北上的运河在此交汇，给它带来了“九省通衢”的美名。在中国几千年的文明史上，它有过兴盛，有过繁荣。自唐宋以来，定都北方的封建王朝，常常需要依赖它转输北上的漕粮、物资。繁盛的市井风貌、秀美的江南景色、壮阔的滔滔江水，曾引发无数文豪墨客的诗情。唐代大诗人李白、北宋文学大家苏轼、南宋爱国词人辛弃疾都曾流连镇江，写下了脍炙人口的诗词。李白一首“丹阳北固是吴关，画出楼台云水间。千岩烽火连沧海，两岸旌旗绕碧山”，概括而生动地描绘出镇江的山水形胜。然而，晚清时期，随着海运的日趋发达，以及西方列强在沿海通商口岸的经营，镇江作为东南漕运港口的重要地位日渐下降，市井亦日渐凋敝。只不过，以它一

方都市的历史地位，以及安闲舒适的生活环境，仍为邻县乡绅和退职官宦所钟情，成为他们的寓居之所。民国建立以后，镇江成为江苏省省会。在这座古老、衰败而又似乎有所新生的城市中，豪奢与贫穷共生，闲散与辛劳并行。封建士大夫在没落穷途之下，自矜清高，以诗文自娱；暴发户在坐茶馆、泡浴汤之余，也奢谈仁义，学着比附风雅，由此，整座镇江城笼罩在一种相对保守，重传统文化教育，以习诗书、明礼义为荣的小家碧玉式的文化氛围之中。

柳诒徵的家庭是镇江城内的贫弱户。柳氏家庭如同所寄居的城市一样，是逐渐衰落的。柳诒徵的祖辈本是诗礼之族、书香世家，到了他的父辈，家道已经衰败不堪，他的父亲柳泉仅靠文墨资本，以教授学生维持全家生计，每月收入只有五千铜钱。

1885年，柳诒徵的父亲突然病故，本已贫弱的家庭，雪上加霜，失去了生活的支柱。旧社会的妇女是不能抛头露面，打工谋生的，柳诒徵的母亲只得带着他和他的姐姐，投靠离城不远的外祖父。众亲戚和慈善机构同情他母子的处境，每月接济给他们母子银元二元，铜钱二千，以作生活费用。他的母亲则每月送二元钱与外祖父，以算作房饭钱，及添补衣衫、各项零用。为了弥补生活费用的不足，他的母亲还做针线活售钱。这时的生活十分艰苦，长大以后，他每每回忆起这段生活，说："小时候谈不到营养，餐时经常只有一块红酱豆腐，母亲姐弟三人赖以下饭。"[1]这种以一块红酱豆腐佐餐的艰苦生活，一直过了十多年，直到柳诒徵考取了生员，教授学生，每月有了四十银元的收入，及多寡不等的书院膏火，才得以改善。

与母相依为命，依靠亲属、慈善机构周济的艰苦生活，不但使柳诒徵从小懂得了生活的不易，也培养了他孝敬母亲、仁爱乡里的道德风范，培养了他奋发向上、刻苦勤劳的毅力品格。他长大后，自号"劬堂"，就是取不忘幼孤家贫、母教成才、终身勤苦自砺之意。"青灯有味似儿时"，儿时是人

① 张其昀：《吾师柳翼谋先生》，载《柳翼谋先生纪念文集》。

生旅途的始发站，正是儿时的生活体验，形成了他学术体系中重孝道、讲仁爱的思想内核。

中国有句老话，“子不教，父之过”，似乎教子只应是父亲的职责。然而，事情往往不会顺着常规发展，当一个家庭的父亲去世以后，母亲就必须挑起教子的重任。几千年来，秉着母性的博爱、坚韧、自尊、自强、聪慧、贤德教导出忠臣义士和饱学大儒来的大有人在。远的不说，近代中国文坛上的著名人物胡适，就是由寡母教导成长的。柳诒徵的母亲正是这种可自立于天地之间的教子有方的贤能良母。

柳诒徵外祖父家姓鲍，是殷实富有的仕宦大族，有晓读诗书的家学传统。他的母亲从小接受了良好的教育，熟读经书，会作诗文。柳诒徵父亲病逝后，他的母亲毅然承担起教子读书的责任，每天教柳诒徵读四书五经，以及古文、唐诗等。

柳诒徵母亲将一腔母爱灌注于教子成才之中，课读严格。每天黎明，她就将幼小的儿子从熟睡的被窝中唤起，布置当日作业；晚上，在油灯旁，她一边做着针线，一边伴着儿子读书，直至深夜。如此，不管冬夏寒暑，从不懈怠。据柳诒徵自述：“自七岁至十五六岁，逐日念生书，背熟书，止有腊月廿日以后，正月半前后，可以自由看书、抄书、游戏。其余读书之日，自天明起即背书。各书不背完，不能吃早粥。”[①]大概由于过分勤苦，十五岁时，柳诒徵生了一场大病，他的母亲怕他夭亡，才减少了他的读书课程。不过，此时的他已打下了较为坚实的知识功底，养成了自觉读书的良好习惯，对中国古代文史也产生了浓厚的兴趣。

读书为能事，做人人为真。柳诒徵母亲不但教子读书，还不失时机地引导儿子做人。她在教柳诒徵诗文时，再三叮嘱他：凭正直立言，以善良为句，不可借诗文发牢骚，说苦话，攻讦他人。在困苦生活环境中，反复教导他：要自强自立，有善必报，不忘亲属及社会慈善机构的周济之恩。当柳诒

① 柳诒徵：《我的自述》，载《柳翼谋先生纪念文集》。

徵稍有余资，家境刚刚改善，就嘱咐他：要广济孤贫，将十数年津贴之款归还。

母爱的教化力是伟大的。柳诒徵在他母亲坚毅、自强、勤奋、仁爱、平和品格的潜移默化下，养就了勉力向上、洁身自尊、平和中正的品性。在柳诒徵以后成才的道路中，我们从他的所作所为，几乎处处可以看到他母亲不平凡的身影。

少年的生活应该是天真烂漫、无忧无虑的，但过早懂事的柳诒徵，在困苦的生活环境中，已意识到了要使家庭摆脱贫困的未来责任。在当时的社会条件下，在世代书香的家庭环境中，他所知道的摆脱贫穷、荣宗耀祖的唯一途径，就是科举做官。“书中自有黄金屋”，不仅是他母亲殷切教子的初衷，而且是他砺志苦读的最初动力。

柳诒徵努力奋发的自觉意识，激起了无穷的求知欲望，以致他不满足母亲布置的已相当繁重的功课，去寻找课外读物。好在他外祖父家有一座藏书的小楼。于是，他每天完成母亲教授的功课后，总要偷偷地爬上小楼，阅览图书。在短短的几年中，他不但翻阅了小楼上的各种藏书，还抄了鲍皋、余京、张曾、李御等诗家的诗词，以作揣摹习作的范本。

柳诒徵本就天资聪颖、禀赋甚高，加之十分努力，学业进步很快。他的母亲虽是有学问的女性，但毕竟不是学有专长的大家，也没有亲临科场的体验，随着他的年龄和学识的增长，母亲的启蒙教育已难以满足他的需要，于是，他主动地四处访求名师。柳诒徵舅父的朋友孙维祺先生是镇江一带的书法名家，真、草、隶、篆都写得好，常到他舅父家中闲谈，柳诒徵就寻机向他学写篆字。在孙维祺先生的指点下，柳诒徵抄写了整整一部《说文系传》，由此，既打下了书习篆字的基础，又懂得了释读古文字。以后，他又照着写《说文系传》的样子，通篇抄写了《尔雅》。柳诒徵乡邻李亚白先生是诗坛能人，颇具声名，柳诒徵为学诗，常赴其“冬心书屋”求教。李亚白先生对他的天赋和勤奋都十分赏识，指点他从诗词名家的专集入手，体会其诗作风格及技巧，学习如何借物咏情，并亲自为他释读了潘四农的《养一斋诗话》，以及蒋心馀的《忠雅堂诗》。正是在李亚白先生的精心指点下，柳诒徵学会了写诗。

凡有所学，皆有所成。柳诒徵转益多师所付出的心血，很快就在他应考童子试时得到了收益。

清代科举重视学校生员，读书人要取得正式科举考试的资格，必须参加童子试，以成为县学、府学生员。童子试虽是初级入学考试，但要求严格，关卡甚多，应试者要想入学，需通过县试、府试、院试。县试在本县进行，由知县亲自主持。县试录取后，可到州府参加由知府主持的府试，府试过关后，才可以参加上一级院试。院试由各省学政主持，通过后，方能进入"府学"或"县学"读书。在学生员可分为三等，成绩优异而又资深的为廪膳生员，即可由官府发放银两，补助其生活。童子试是清代科举进身的最初台阶，"童子"本是学童之意，但通不过童子试就无法入学，也就难以参加举试，于是，未考中"生员"的读书人，总要积年拼搏。这样，童子试就不再是髫髫发童的专利，白发苍髯的老者亦可参加。"七十老童生"绝非民间的戏言，而是科举真实情景的刻画。

1896年，满脸稚气的柳诒徵赴金坛，伴随一批年岁不等的"童生"进入了考场，开始了举试道路上的第一场厮杀。县试、府试顺利过关。院试时，先考以《焦山古鼎歌》、《田横岛》、《栾公社》为题的三首七律，柳诒徵以优美刚劲的小篆作题，深得主试者的赏赞。复试时，柳诒徵作《拟杜工部〈李潮八分小篆歌〉》、《润州怀古》两首七律，又得到了主试者的称许。当时，柳诒徵的舅舅在试场，预先得知主考官在其试卷后批了"未冠能此，可称妙才"八个大字，十分高兴，可又担心他的八股文作法未精，恐怕难以录取。谁知柳诒徵所作题为"有故而去"的八股文，非但及格过关，而且得到了相当高的评价，以致他的舅父十分感叹地说："学宪对汝文，竟能加此美评，吾辈虽欲思一美评不能也。"[①]柳诒徵以其真才实学，击败了诸多竞争

① 柳诒徵：《我的自述》，载《柳翼谋先生纪念文集》。

对手，首战告捷，顺利打开了府学大门，以后成为廪膳生员。

此时的柳诒徵虽已读过许多书，有了相当广博的知识，但所学还很零散，没有系统，还不知道如何讲求经学、史学，更不知道如何即类求书，因书究学，偶尔翻翻《四库简明目录》，也不知道如何利用，只是勤于抄书，听说本地什么人家有什么好书，就想法借来抄，曾抄过《御纂七经》中的三礼，笔录过清代学术名家惠定宇、张皋文批的《汉书》等。进院入学，为切盼深造的柳诒徵提供了受学求师的场所和机会。柳诒徵抓紧一切时间，听读释讲，领会经义之要领，了解文史之大法；同时，虚心向师长、友朋求教，博采众家之长。他知道他父亲的学生陈善余很有学问，就常去求教，由此得到了许多做学问的门径。陈善余的朋友赵申甫熟知掌故，他又常去访谈，由此了解了本地的历史、典故，知道了清代许多学术名家的治学经过。

廪膳生员的生活，是柳诒徵真正走向治学道路的起点。本来，府学驶出的航船应该挂上“功名”的风帆，驶向进士及第的港湾，但变化的历史风云改变了柳诒徵生活的航线，使他带着满腹诗书，走上了另外一条截然不同的道路。

1.2　办学为师（1900—1927）

19世纪末，古老中国正经历着一场历史性的巨变。1894年，中日甲午战争爆发，导致了当时号称亚洲第一、世界第六的北洋水师的覆灭。随之而来的，是清议和全权大臣李鸿章与日本首相伊藤博文在日本马关签订的一纸《马关条约》，断送了中国的辽东半岛、台湾、澎湖列岛。日本人以屠刀切割下的肥肉，刺激了帝国主义列强的贪婪食欲，1897年，德国派军舰强占了胶州湾；1898年，沙俄强行租借了旅顺为军港、大连为商港；同年，英国强行租借了九龙半岛界限街以北、深圳河以南地区和附近岛屿，以及威海卫。中国面临被帝国主义列强瓜分的危机。

中国舰队的沉船在黄海海面上激起的浪花，深深刺痛了中国人。如果说，甲午战争前，中国人对中国与西方列强在军事力量上的差距已有一定认识，那么，对生长在弹丸之地的日本人，总还保留着一点天朝大国的优越感。然而，中日甲午战争的结果，却是中国失败得太惨，随之而来的瓜分风潮实在太可怕，于是，人们有了强烈的紧迫感，变法救国的呼声高涨。以康有为、梁启超为首的维新变法派应时走上了历史舞台。维新派广泛宣传“穷则变，变则通，通则久”，主张兴民权，废科举，实行君主立宪。

1898年，紫禁城中那位受着太后的挟制而又想有所作为的青年皇帝光绪，终于在康有为等维新派的鼓动下，试图挣脱幕后的牵线，变一下祖宗之法。从6月11日到9月21日，在百日之中，光绪皇帝以雷厉风行的气势，接连颁布了一系列的变法法令，其中包括：普遍设立中小学堂、改革科举制度、废除八股。光绪皇帝的“胆大妄为”，激怒了在宫廷珠帘背后操纵政务的慈禧太后，这位64岁的不甘寂寞的老太婆生怕失掉号令天下的大权，翻脸跳上了前台，对维新派祭起了屠刀，谭嗣同、刘光第等六君子血洒京师，康有为、梁启超等亡命国外，光绪皇帝被软禁在瀛台，一场轰轰烈烈的变法活剧在腥风血雨中降下了帷幕。

不过，历史是难以倒转的。紫禁城内母子间的权力斗争，并不能真正左右历史的车轮，该变的还是要变，沿续了一千多年，早已腐败、落后的科举制度就没能借政变的屠刀重新还魂。在这种历史的巨变之下，柳诒徵就不得不开始他的新的人生。

当时，在维新变法的风潮中，南京成立了江楚编译书局。1900年，急于另寻生计的柳诒徵经陈善余先生推荐，进入书局，参与编译教科书。

进入编译书局，给柳诒徵带来了学术发展的又一机遇。江楚编译书局由晚清著名的文史学家、藏书家、目录版本学家缪荃孙主持。缪荃孙字筱珊，号艺风，1877年（清光绪三年丁丑）进士及第，曾任职翰林院编修，国史馆总纂。在几十年的学术生涯中，他致力于藏书、修书、刻书，曾参与撰修《清史稿》，刊行了著名的《艺风堂藏书记》、《云自在龛丛书》、《藕香零拾》、《艺风堂文集》等书。来宁主办编译书局时，他年近花甲，在个人学术发展上正处于巅峰阶段。柳诒徵及时抓住了这一求师问学的绝好良机，成为缪荃孙先生的受业弟子。“名师出高徒”，此后数年，柳诒徵在缪荃孙先生的教诲下，学业大为精进，尤其在目录版本学方面打下了极为坚实的基础，为他今后的学术发展开拓了广阔的道路。不过，应该指出，缪荃孙为晚清奉行国粹主义的学者之一，学术思想比较保守，这对柳诒徵学术思想的发展亦产生了一定影响。

戊戌政变以后，经过短期的震荡，清政府不得不重办洋务，以学习先进国家的科学技术。1901年12月，清政府着令缪荃孙与徐乃昌赴日本考察学务。[1]第二年正月，柳诒徵随同缪荃孙、徐乃昌等人一同踏上了前往东瀛的道路。到达日本后，缪荃孙一行立即着手考察日本的学校建制、课程设置、教材编写等。3月，张之洞因湖广总督府急需幕僚帮办，电催缪荃孙回国，缪荃孙一行只得匆匆了结考察事务返回故土。

从正月启程至3月返国，虽然只有短短的两个月时间，但这两个月的日本考察，对柳诒徵的思想发展和事业抉择都产生了很大影响。柳诒徵打开了眼界，亲眼目睹了日本的强盛，亲身感受了明治维新后日本社会的巨大变化；增加了对整个世界的了解，在一定程度上接受了西方的进步观点；同时，真正从感性上认识到开发民智、兴办学校的重要性，知道了应如何开办新式学校。

从日本回国后，柳诒徵仍回到书局供职。这年9月，他编成了中国历史教材编写史上具有重要意义的《历代史略》。

为了振兴中国教育，及改善个人生活，从1903年起，柳诒徵开始创办学校，兼职从事教育。他先后与友人创办了南京思益小学、江南中等商业学堂及镇江大港小学。在创办江南中等商业学堂时，他有了月薪八十两，遂辞去了编译书局的职务，一心投入了教育。他除了在自己创办的学校执教外，还先后在江南高等学堂、两江优级师范学堂兼职。其间，他陆续编写了《中国教育史》、《中国商业史》、《商业道德》、《伦理口义》等教材。

① 缪荃孙：《艺风老人年谱》。

柳诒徵参与创办的思益小学、江南中等商业学堂，在中国近代教育史上都具有重要地位。思益小学是南京最早的一所新式小学，任课教师都是社会上有名气、思想上进步的青年学者，被当时人视为江南才子办的学堂，深受文教界人士的推重。江南中等商业学堂以培养社会有用人才为宗旨，聘任的教员都是学有专长的文化精英。学校管理十分严格，学生必须全部住校。监督则是清光绪状元、以创办南通大生纱厂而闻名的洋务派代表人物之一张謇。这所学校，在当时江南的中等学堂中首屈一指。

柳诒徵在这些学校负责教授国文、历史。他不但有广博的文史知识，而且有良好的教师素质，讲课时，声如洪钟，铿锵有力；传授知识时，善于抓住条理、主题鲜明，深入浅出，层次有序，语言生动，引人入胜，深受学生欢迎。

柳诒徵在课堂上对学生要求很严，教授的功课学生必须预习、复习，布置的作业必须及时完成，但从不反对学生读课外书，反而主张学生要扩大知识面，要求学生要学以致用，要领会、掌握治学方法。中国当代著名桥梁工程学家茅以升曾在思益小学、江南中等商业学堂受柳诒徵导教八年，他深有感触地说：

> 我从先生受业八年，感到最大获益之处，是在治学方法上从勤从严，持之以恒，并认识到，“知识本身只是一种工具，知识之所以可贵，在它所起的作用”，这对我数十年来治学治事都有极大的影响。[1]

1911年，武汉三镇响起了反对清王朝的枪声，在各地随之而起的枪炮声的震撼下，早已朽蛀一空的清廷大厦很快崩塌，各省纷纷独立，地方宣言自治，开议会，定约法。1912年，南京城头正式树起了中华民国的五色旗，中国的历史从此翻开了新的一章。

在这翻天覆地的时刻，柳诒徵被推举为镇江县临时县议会副议长，及

① 茅以升：《忆柳翼谋师》，载《柳翼谋先生纪念文集》。

镇江中学校长。柳诒徵是一个正直的学者，对官场权术毫不了解，只是变革的浪潮临时使他的生活错了位，很快，这错位的变动就产生了错位的效应。议革农民纳粮交费，他与县长发生了矛盾；剔除学校庶务会议私弊，他与校中职员产生了分歧。左右冲撞，磕磕绊绊，他根本无法在官场的漩涡中按照自己的道德标准、行为规范去发挥自己的聪明才智。于是，他只得辞职。第二年，他只身前往京师，应明德大学聘，担任斋务主任兼历史教员。

柳诒徵在北京一住三年。1915年，他回到南京，应南京高等师范学校校长江谦之聘，担任了国文、历史教员。

江谦是著名学者，与柳诒徵早就相知。柳诒徵对他的学识、为人都极为敬佩。江谦告诫过柳诒徵的“三不敷衍”宗旨（一不敷衍自己，二不敷衍古人，三不敷衍今人[①]），成为柳诒徵一生治学立身的格言。江谦对柳诒徵也十分赏识，1914年，当他受命担任南京高等师范学校校长后，着手进一步网罗人才，立即就想到了柳诒徵。

当时的南京高等师范学校正乘着新文化运动的风潮迅速发展。这座1902年根据清政府颁布的《钦定学堂章程》，由两江总督张之洞奏办的高等学府，已度过了学步阶段，开始大踏步地前进。南京高等师范学校的校风已经形成，师资力量也已相当雄厚，一批著名学者来此执教。它已成为东南地区的学术中心。

南京高等师范学校翠木葱茏，花香四溢，校园环境极为优雅；各地名流不时造访，报告、讲座时有举行，学术氛围相当浓厚。柳诒徵进了这片学术园地，犹如鱼儿得水，有了进一步锤炼的机会。柳诒徵本是虚心求问、好学不倦的人，在群贤毕集的南京高等师范学校，他抱着广求良师、虚心学习的态度，向一切学有专长的师友学习；并不断注意发现他人之长，在与他人对比中，找出自己的不足，努力追赶。如，同事王伯沅对诗歌很有研究，他

① 柳诒徵：《我的自述》，载《柳翼谋先生纪念文集》。

就常去旁听王伯沆讲诗，在悉习揣摩的同时，严于解剖自己，认为自己读诗不如王伯沆用功，用思不如王伯沆深刻。从此，他努力钻研诗歌，使自己的古典文学水平提高了一大步。

1923年，南京高等师范学校改并为东南大学，各学科重新划分，柳诒徵供职历史系，专任历史教授，负责开讲各家文选、中国文化史、东亚各国史、印度史、南亚各国史、中国政治制度史。

柳诒徵讲课深受学生欢迎。他身着青布长衫，面庞清癯，一双稍稍内凹的大眼，总是那样炯炯有神，颔下一抹黑髯，随风飘拂，俨然有道骨仙风；渊博的知识，缜密的思维，滔滔不绝的谈吐，常常使学生进入一个忘我的境界。

他认真指导学生读书，要求学生读原书，记心得笔记。学生的心得笔记，他总要逐字逐句地阅看，加以眉批，虽有一字之误，亦必勾出。

他极力主张学生要了解社会，体验生活。他常带领学生走出课堂，去佛寺参观，讲解佛教艺术；去栖霞山游览，指点名胜风光；去清凉山扫叶楼登高，吟味“山围故国周遭在，潮打空城寂寞回”的诗歌意境。

他大力倡导学术研究，鼓励学生向科学进军。他与同事吴光迪、吴宓等主办了《学衡》杂志，又与学生缪风林、景昌极等创办了《史地学报》、《文哲学报》。凡是学生的习作，他总要认真评审，择优选出，推荐在刊物上发表。

正当柳诒徵满怀热情在东南大学努力工作之时，一场突起的事件，使他愤然抛弃了东南大学的饭碗。

1925年，北洋军阀段祺瑞操纵的北京政府教育部宣布免去东南大学校长郭秉文的职务，改任胡敦复为校长，引起了部分师生的不满。[①]

① 此事柳诒徵《自传》记发生于1924年。“至1924年，遂为贪墨者所排斥，赴辽宁。”然据东南大学诸生回忆录，以及当时报章等资料，确证此事发生于1925年。柳诒徵《自传》所记年代，当为其回忆之误。

当胡敦复奉命到职时，部分师生拥入校长室，对胡敦复进行围攻，胁迫他在事先准备好的不予接任的纸上签字，并强行拉手打上手印。一时风潮迭起，校内拥郭、拥胡派纷争不绝，上报电文交驰，投书上海各大报纸。教育部迫于风潮，只得改派江苏省教育厅长蒋维乔暂代校长。

柳诒徵在事件发生之前，对郭秉文为图学校发展，与地方军政势力勾连，久不报销学校决算经费的做法大为不满，并对校董会负责人沈恩孚操纵省教育会，拉拢社会名流、资本家为校董的权术深为反感，曾在刊物上发表文章，论“学者之术”，不点名地批评了郭秉文、沈恩孚。事件发生后，他与萧纯锦、熊正理、段调元、徐韦曼等四位教授给段祺瑞和教育部总长章士钊发送了如下内容的电报：

东大学潮，纯由沈恩孚等造成，擅裁工科，不报教部，职查决算，久不报销，造法自违，而责部“违法”，以至酿成“三九”之变，实则沈恩孚等欲独立耳！江苏一省，现全在中央统制权之内，独教育不受中央统治，沈恩孚等是何居心？董职久停，哓哓无耻。乞发明令，以正是非。但问沈恩孚等：大学教授率领学生殴辱部聘校长，是何法理？沈等所董何事？则片言可析，公理立昭矣。[①]

明确表示了反对学生殴辱部聘校长及反对沈恩孚等人的意见。

柳诒徵在事件前后的态度，引起了校内拥郭派的强烈不满和敌视。在拒胡学潮发生的当天，在群众云集的学校广场上，竟然有一个教授高声向大家扬言：“教部突然更动我们校长，是因为校内有内奸。内奸是谁？就是柳翼谋。”[②]这种公然的攻击，使柳诒徵处于一种十分尴尬的境地。

应该看到，东南大学所发生的学生风潮是复杂政治斗争的产物。当时，以段祺瑞为首的北洋军阀政府正在试图巩固其在各地的权力，要撤换地方派人物；国民党左派正在采取暂时联段的策略；而地方实力派则力图保住自

① 《申报》，1925年3月。
② 陈训慈：《劬堂师从游脞记》，载《柳翼谋先生纪念文集》。

己的地盘。东南大学学生之所以掀起拥郭反胡风潮，表面上是出于对郭秉文的信任，对郭秉文办学成绩的肯定，但其中不乏政治人物的煽动。

然而，持平而论，柳诒徵的反郭、反学生风潮，并不是出于政治上的投靠，为北洋军阀政府帮忙；也不是出于革命的自觉，要为国民党左派做一些工作；更不是要挖地方实力派的墙脚，为自己捞一点政治上的好处，而是一个缺乏政治嗅觉的学者，出于为政清廉、师道尊严的思想意识，秉着刚正率直的处世态度，所采取的非政治目的的良知举动。他反对郭秉文，反对的只是郭秉文的权术和经济上的舞弊。他曾在《日记》中写道，郭氏在任，“南高之腐败为尤甚”，切盼能革除其弊。他反对学生风潮，反对的只是学生殴辱部聘校长，认为此举有伤教育界正气，有违尊师道德，有伤学校风纪。他反对沈恩孚，反对的只是沈恩孚独断擅行，违法乱纪。他赞成教育归中央统辖，只是因为在他看来，全国既已统一，中央政府理当号令天下，地方不应自行其是。他所反对和赞成的这一切，可能客观上有助于某种政治势力，但与有意识地充当北洋军阀政府的内奸，或与配合国民党左派的策略，挂不上一点关系。

柳诒徵本不愿意卷入派别斗争，当他意识到自己出于爱校为公之心的举动成为他人攻击的靶子时，感到十分气愤，遂递送辞呈，从东南大学出走。不久，他即应东北大学聘，远赴辽宁，就任东北大学教授。他在东北大学任教一年，又到北京讲学，任北京女子大学教授，兼教北京高等师范历史课程。

从1915年到南京高等师范就职，到1926年在北京各高校教书，柳诒徵在这十多年的时间内认真读书，辛勤笔耕，在史学研究领域中作出了很大成绩。他先后在《学衡》、《史地学报》、《文哲学报》上发表了不少论文，并编著了《中国文化史》、《东亚各国史》、《中国财政史》、《印度史》。随着他学术成果的积累，他在全国学术界的声望也日益提高。

1.3 主持国学图书馆（1927—1937）

1926年7月，炎热的广州，骄阳似火。然而，在这革命大本营中的人们要求早日北伐，讨平北洋军阀的热情胜过了如火的骄阳。7月14日，国民党发表了《北伐出师宣言》。随后，由中国共产党人参与领导的北伐军踏上了北伐的征途。北伐军在人民的支持下，浴血奋战，进展神速。9月，两湖战役结束，直系军阀吴佩孚部被基本消灭。11月，攻克南昌，军阀孙传芳落荒而逃。1927年3月24日，北伐军占领南京，这块孙中山领导的中华民国的诞生地，重新回到了以继承孙中山遗志为目标的北伐军的手中。

随着北伐战争的胜利，广东革命政府的势力迅速发展到长江流域。虽然，此间国民党内部左、右两派的矛盾日益尖锐，以蒋介石为首的国民党右派正在筹划屠杀共产党人的反革命政变，但北伐军所到之处已着手恢复社会秩序，安排人民生活，重振文化教育。北伐军占领南京后，即决定改组东南大学，筹建第四中山大学。

柳诒徵一直在关注着时局的发展。他对国民革命讨伐北洋军阀是拥护的，因此，当国民革命政府聘请他为第四中山大学筹备委员时，他立即欣然接受。不过，革命的热情并没有消除他内心因东南大学拥郭反胡风潮带来的伤痛。他在离开东南大学时，曾经说过："把指定宗旨不再入此校。"这个誓言，对于一个像他那样重然诺的刚直书生是不能忘却的。

正巧，就在他内心因革命需要和个人宗旨的矛盾感到难以平衡时，南京江南图书馆挂上了"第四中山大学国学图书馆"的招牌，因缺少主持人，希望学有专长的人前去担任馆长，于是，他就丢下了教鞭，到这个名属第四中山大学，实际相对独立的部门去任职。不久，这个图书馆就单独划出，更名为"江苏省立国学图书馆"。

江苏省立国学图书馆的前身江南图书馆是当时东南地区成立最早，也是藏书最富的公共图书馆。

明清时期，东南一带私家藏书极盛，出现了许多著名的藏书大家。清朝末年，在社会变革的冲击下，各私家藏书楼逐渐败落，连号称晚清南北四大藏书楼的聊城杨氏海源阁、钱塘丁氏八千卷楼、常熟瞿氏铁琴铜剑楼、吴兴陆氏皕宋楼的藏书都已散佚。1906年，“皕宋楼”主人陆心源的儿子陆树藩竟以十万元的代价将其全部藏书卖给了日本人。中国珍籍外流，引起了国人焦虑。为了保护祖国文化遗产，并让私家藏书为社会服务，1907年，江苏巡抚端方委命目录版本专家缪荃孙筹办公共性质的江南图书馆。正在缪荃孙上任之时，传来了钱塘丁氏八千卷楼的藏书准备寻主出售的消息，缪荃孙赶忙偕同助手陈善余前往浙江，经过一番讨价还价，以七万三千银元将八千卷楼的藏书全部买下。

钱塘丁氏八千卷楼藏书为丁氏数代人所积聚。书楼主人丁丙的先祖就雅好图籍，以贮藏珍本秘籍为嗜。丁丙自幼秉承祖训，沉溺书海，长大后又留心购求，穷年不断。1861年（清咸丰十一年），太平军攻陷杭州，贮藏《四库全书》的杭城文澜阁毁于兵火，图书委弃于残垣断瓦之中，无人问津。丁丙兄弟在逃难途中，目睹文澜阁图书被毁弃的惨状，不顾刀兵之险，潜入文澜阁中，手抬肩负，抢救出图书万余册，藏之僻地。丁丙兄弟此举，名闻海内。清政府镇压太平军以后，丁丙借藏有阁书之名，请求拨发官帀抄修；同时，又乘战乱甫定，文化萧条，书肆冷落，故家大户藏书纷纷涌出之机，“节食缩衣，朝蓄夕求，远自京师，近逾吴越，外及海国，或购或钞，随得随校”①，使自己的藏书激增，“聚八万卷，视阁目几及九成，较楼额已逾十倍”②。其藏书中，名重于世及人所罕见的宋、元刊本，雕刻精工、传世稀少的明清刻本，笔墨精妙、世间传名的古旧钞本，名家题识、批校过的秘册善本，所在甚多。缪荃孙独具睿眼，不惜重金购下了这部分藏书，为江南图书馆的建设打下了雄厚的基础。

1910年，武昌范氏月楼木樨香馆为抵偿官债，将其所藏4557种古书交给官府。清政府财政部门又将这部分书全部拨交江南图书馆。于是，以丁氏八千卷楼、范氏月楼木樨香馆藏书为基本库藏，江南图书馆于1910年12月12日在南京龙蟠里正式对外开放。

① 胡风丹：《嘉惠堂藏书目序》。
② 胡风丹：《嘉惠堂藏书目序》。

在这样一个收藏着大量孤本秘籍的公共图书馆当馆长，不仅需要负担起扩充馆藏，努力向读者提供更多有用书籍的职责；还需要对古籍整理编目，妥善保护；需要能对馆藏典籍加以研究，提供信息，为学术界服务。柳诒徵深知肩负职责之重，全身心地投入到了图书馆事业之中。

为了丰富馆藏，柳诒徵想方设法，尽了最大的努力。他精打细算，省下馆内各项行政开支，大力地向社会各方面征购图书，只要得知有私家售书信息，总要立即派员前往，想方设法，不让珍本善册流落他方。他还利用本馆收藏诸多孤本秘籍的有利条件，与各地图书馆、著名藏书家建立了广泛的联系，以影印善本与各地藏书家和图书馆互通有无。对于无法购买或交换的善本，他则想法与收藏者牵线搭桥，联系抄写。在他的努力之下，从1927年至1937年的十年之中，江苏省立国学图书馆的藏书由江南图书馆时期的5万册，增加到24万册。在当时中国的公共图书馆中，江苏省立国学图书馆可算是藏书大户了。

为了对古籍分部类别，标签插架，以裨检用，柳诒徵从上任始即提出了整理旧籍、分类编目的计划。他延聘了对目录版本学颇有研究的弟子王焕镳、范希曾具体从事编订工作，他则亲自主持，发凡起例，审订类目，指示线索，审核补正。在他的主持下，在两年多的时间内，完成了三十六册的《国学图书馆图书总目》。这部皇皇巨著，收录图籍完备，类目体例精当，在全国各公共图书馆都产生了巨大反响。

为了促进图书交流，充分发挥馆藏图书的社会效益，柳诒徵决定使昔日藏书家案头、库房的珍玩成为社会的公器，让社会大众了解这些孤本秘籍的原貌，让学人就便取用，于是，展开了影印馆藏宋、元刻本样页，名贵孤本、名家稿本以及名人笺札墨迹的工作。在几年内，影印成《盋山书影》宋本一册、元刻二册，以及若干单行珍本。柳诒徵还在《盋山书影》所影印的每一部宋、元刻本后，写上考识意见，以指点学者了解流传状况、版式特点、优劣所在、鉴别方法。

为了推动学术研究，提高图书馆人员的学术水平，柳诒徵在馆内积极倡导开展学术研究，创办了学术刊物《国学图书馆年刊》。柳诒徵除亲自为

《国学图书馆年刊》撰写论文外，还负责审阅所刊稿件。当时，《国学图书馆年刊》发表了许多有价值的长文专篇，如王焕镳的《明孝陵志》、范希曾的《书目答问补正》，在学术界产生了很大影响。

为了充分地为社会服务，提高馆藏图书的利用率，柳诒徵决定增加开放时间，除曝书、整理、节假日外，一般不得闭馆，并为长期读书者提供住宿方便。据1931年《江苏省立国学图书馆第四年刊》所载，仅1930年，国学图书馆全开放日达274天，阅览人数为3293人，借阅书籍计3881种，27080册；长期住馆读书的有柳慈明、赵厚生、王诚斋、张叔亮等四人。这种开馆和图书借阅率，在当时公共图书馆中名列前茅，而所提供的长期住馆服务更属稀有。

为了让人们了解国学图书馆，提高国学图书馆的知名度，并让馆内工作人员记住创业前贤的功绩，激发工作热情，柳诒徵还亲自撰写了《国学图书馆小史》。在这本书中，他详细记述了建馆经过，馆内图书购藏、目录分类、各部编制，以及有关各种旧事，特别对于创始人的事迹，浓墨重写，以弘彰其功。

功夫不负苦心人。柳诒徵的辛勤努力，使国学图书馆成为当时全国藏书最富、学术成果最多、知名度最高的公共图书馆之一。柳诒徵就任国学图书馆馆长时，一些人曾经认为他并非图书馆学专业出身的正牌的“图书馆学专家”，对他能否办好国学图书馆还有疑虑，柳诒徵以他的工作实绩证明，他不但能够当好国学图书馆这个家，而且能够比所谓“图书馆学专家”干得更好。

图书馆是莘莘学子问业求书的场所。柳诒徵从他早年的艰辛生活中深知求学的不易，他本着博爱、广济的胸怀，常常踱足于借书阅览室，审视每一个读者，准备随时伸出援助的手，去帮助有困难的人。

1933年，一位常来国学图书馆读书的求学青年引起了柳诒徵的注意，这位青年就是后来大名鼎鼎的历史学家蔡尚思。

当时，蔡尚思生活窘困，衣着简朴，为了完成撰写《中国思想史》的誓愿，天天跑到国学图书馆中埋头读书，国学图书馆的作息时间就是他来馆读书与起身而去的时间。柳诒徵对这位青年的勤奋十分赞赏，就主动上前与蔡尚思交谈。当柳诒徵了解到蔡尚思的生活境遇和宏大抱负后，立即表示请他住进国学图书馆，不但不收他的房租及其他费用，还提供给他读书的特别方便。柳诒徵专门关照阅览室的人员说：

> 蔡先生为了著大部头的《中国思想史》一书，特来我馆从历代文集中收集他人所少收集的宝贵资料，我们必需尽力支持他。他的贡献也等于我图书馆的贡献。别人借阅图书是有限的，不还不再出借，对蔡先生借阅图书是无限的，即使一天要阅十部、二十部，或者更多的数量，你们都要到后面藏书楼把书搬来供他使用。搬上搬下，虽很费力气，却不要表示不耐烦，这是我们应尽的义务。[①]

在柳诒徵的关照下，蔡尚思以近两年的时间读完了国学图书馆所藏的全部文集，从而为其以后的学术发展打下了坚实的基础。

蔡尚思在国学图书馆读书期间，还经常得到柳诒徵的教诲。他常于晚间八九点钟前往柳诒徵寝室中去交谈，了解治学方法，征询学术疑难，打听历史掌故，柳诒徵总是热情接待，侃侃笑谈，从不厌烦。

国学图书馆就像一个人才的摇篮，在柳诒徵的摇晃下，许多像蔡尚思那样的学术英才得以成长。蔡尚思在几十年后，就曾深有感慨地说："如果没有柳先生给我多读书的大好机会，就连今天这样的我也不可能。"[②]

柳诒徵是爱书的。国学图书馆丰富的藏书，以及优雅的工作环境，都使他感到惬意。这时的他，生活是比较轻松、愉快的。他常常在龙蟠里与众多学者聚谈，一边品着酽酽的茶，一边抽着旱烟，谈到得意处，常呵呵大笑。有时，他约上一帮朋友到秦淮河边的茶楼闲坐。在这六朝金粉之地，望

① 蔡尚思：《柳诒徵先生之最》，载《柳翼谋先生纪念文集》。
② 蔡尚思：《柳诒徵先生之最》，载《柳翼谋先生纪念文集》。

着撑竿而过的游船和波光粼粼的一泓清水，吃着南京干丝、烧饼、锅贴之类的小吃，笑谈古今中外趣事。如有朋友问他为什么不去官场谋一个一官半职，他总是开玩笑地说："燕雀安知鸿鹄之志哉？"

不过，在这令人醉心的宁静生活中，柳诒徵并没有忘记国家大事。

1931年，日本为了摆脱国内经济困境，争夺海外殖民地，把侵略的矛头对准了中国。七八月间，日本先后制造了挑拨中朝关系的"万宝山事件"和日本间谍失踪的"中村事件"。9月18日夜间，日本关东军借故悍然向东北军驻地北大营发动进攻，并以重炮轰击沈阳城。在蒋介石"绝对不准抵抗"的严厉命令下，几十万东北军一枪不发，退入了关内。日本侵略军很快占领了长春、本溪、牛庄、营口等地。至21日，日本侵略军已几乎全部占据辽宁、吉林两省。接着日本侵略军继续前进，在不到四个月的时间内，占领了东北全境。东北一百三十万平方公里的国土，三千万人民，四千多公里的铁路，以及无尽的宝藏，完全被断送在蒋介石的不抵抗政策之下，从此，东北沦为日本帝国主义的殖民地。

东北失陷，民族危机！

柳诒徵坐在静寂的国学图书馆中知道了"九一八"事变的消息，心中非常焦急、愤恨，很想立即为抗日救亡做出一点贡献。然而，一个在后方的文弱书生可以做些什么呢？柳诒徵在苦苦地思考。终于他想到了利用馆藏图书，想到了让故纸变成鼓励民众抗日救亡的武器，想到了让历史去唤醒沉睡民众的良知，想到了弘扬中华民族千年一贯的抵御外侮、反抗强暴的爱国精神，以激励民众抗日的勇气。于是，他立即印布了《经略复国要编》、《辽事纪闻》等有关复国、抗击外寇的书籍。

1937年，抗日战争全面爆发。

7月7日，日本侵略军借口一名士兵在卢沟桥一带演习时失踪，向驻守在卢沟桥的中国守军发动猛烈进攻。在日本侵略军妄图灭亡中国的罪恶枪炮面前，中国守军没有屈服，当即奋起还击。

七七事变是日本帝国主义大规模侵华战争的开始，也是中国人民进行艰苦卓绝的抗日战争的开端。事变发生后的第二天，中国共产党即号召全国人民团结起来，“建筑民族统一战线的坚固长城，抵抗日寇的侵略！”[①]蒋介石在全国人民的压力下，不得不表示“准备抗战”，但仍然宣称“在和平根本绝望之前一秒钟，我们还是希望和平的，希望以和平外交方式，求得‘卢事’的解决”[①]。蒋介石的妥协动摇，助长了日本侵略军的嚣张气焰。26日，日本侵略军攻占了平津之间的战略要地廊坊；29日，攻占北平；30日，占领天津。

日本侵略军侵占平津以后，继续向中国内地进攻。8月13日，日本侵略军大举进攻上海。上海中国守军进行了长达三个月的英勇抗击，最终在日本侵略军的东西夹击下，被迫撤退。日本侵略军占领上海，就直接威胁到了国民党政府的首都南京。

南京告急！身为国学图书馆馆长的柳诒徵首先想到的是应该如何保藏馆内收藏的上万册珍贵典册，确保这些中华民族的文化瑰宝不为日本侵略军掠夺，或毁于炮火之中。柳诒徵怀着万分焦急的心情，匆忙奔走于有关当局之间，希望能及早妥善安排。但国民党政府对于保存珍贵文物，历来就无通盘计划，加之，在时局吃紧之际，大小官员想的只是如何及早抽身出逃，根本无心关注文物，所以，柳诒徵保护珍贵图书的要求迟迟等不到答复。

当时，战事变化迅速，交通运输紧张，且经费不足，如将国学图书馆的全部藏书外运已不可能，只能设法就地保藏。柳诒徵了解到南京朝天宫中的地库坚固宽广，且不潮湿，适宜储藏贵重物品，北京失陷时，故宫博物院的许多珍贵文物就南迁于此，便立即去与故宫博物院院长商量，请求将国学图书馆的图书运入其中收藏。叵耐朝天宫地库藏品已多，无法保藏国学图书馆内的全部图书，经商议，同意收藏部分最佳善本。柳诒徵赶紧报告有关当局批准，先将宋元精刊本、稿本、精抄各校本，以及其他罕传善本装成十箱，继将钱塘丁氏八千卷楼、武昌范氏月楼木樨香馆的其他旧藏善本和从各地购置的佳本，分装成一百箱，共计一百一十箱，一齐运迁到朝天宫

① 《中国共产党为日军进攻卢沟桥通电》，《解放周刊》第1卷，第10期。

① 《文汇年刊》，1939年5月初版。

地库中。其他较为珍贵的丛书和方志，柳诒徵又想法用船运至苏北里下河的兴化县罗汉寺和观音阁收藏。至于普本，因量大而价值不高，只好仍留存在龙蟠里馆内。

在国难当头之际，柳诒徵置个人安危于不顾，恪尽职守，想方设法保藏中华文化的宝物，表现了一个爱国知识分子的高尚品德。以后，在避难流徙途中，他仍念念不忘所藏图书。当他得知南京沦陷后，朝天宫地库中的图书有所损失，运到兴化的典籍被日伪军焚毁，五内俱焚，痛哭自责，与友人说：

> 我视图书馆重于自己的家，重视馆藏书籍甚于自己的家产，爱护无微不至。抗战前夕，我把馆藏书籍搬运迁藏，但至今已损失了一部分。我对祖国文化未尽到全责。[①]

这种爱国家财产重于自己财产，严于要求自己的精神，实在令人感佩。

1937年12月初，日本侵略军兵逼南京城下。柳诒徵最后一次来到国学图书馆内，环顾着空旷、冷寂的阅览室，以及一排排整齐的书架，唏嘘长叹，潸然落泪。他实在接受不了这严酷的现实，实在不愿离开这朝夕工作的文化宝地，实在不愿看到这经过几代人努力建起的国学图书馆落入日本侵略军手中！

在亲朋的催促下，柳诒徵怀着难以割舍的眷念之情，告别了他苦心经营了十年的国学图书馆，伴随着匆匆逃难的人流出了这号称“六朝古都”的南京城。从此，柳诒徵开始了他近八年的漂泊生涯。

1.4 八年漂泊（1938—1945）

1938年，神州大地，凄风苦雨。

在日本侵略军的大举进攻下，数百万无辜的中国人妻离子散，家破人

① 蔡尚思：《柳诒徵先生之最》，载《柳翼谋先生纪念文集》。

亡；为战火所迫的大批难民扶老携幼，辗转他乡；华北和东南一带的机关、企业、工厂纷纷内迁，无数物资毁弃道旁。这是中国近代史上空前的惨剧，让一切有良知的人永远记住它！

柳诒徵在这动乱之时，首先来到了杭州。

当时，浙江大学的校长是竺可桢。竺可桢曾与柳诒徵在东南大学共过事，两人相交甚深，因此，他对柳诒徵的到来十分欢迎，热情聘请柳诒徵到浙江大学任教。柳诒徵接受了邀请，在告别讲坛十年之后，重新拿起了教鞭。

杭州的景色是迷人的。悠悠流淌着的西子湖水倒映着岸边的排排绿柳，清新的雾霭笼罩着四周的青山，绿荫丛中不时露出的点点花红和长堤湖心中散落的亭阁楼台，点缀得整个西子湖如诗如画。古往今来，无数文豪以其生动的笔触歌咏过这“人间天堂”，宋代大诗人苏轼的一首“水光潋滟晴方好，山色空濛雨亦奇。欲把西湖比西子，淡妆浓抹总相宜”，给人们对西湖的美平添了许多美的遐想。散步在西子湖畔，看着这湖光山色，体会着诗一般的意境，不由得使人神思飞荡，流连忘情。

然而，现实是严酷的。这“人间天堂”并不能免除战火的劫难，日本侵略军的炮火很快就打到了杭州城边。浙江大学被迫迁徙。根据政府安排，浙江大学迁到江西泰和临时建校，以照常开课，不致学生失学。

浙江大学师生在远方传来的隆隆炮声中，匆匆整理行装，准备撤退。浙江省府为帮助浙江大学教师，愿意提供卡车，将他们载运到宁波。柳诒徵不愿坐等政府救援，认为求人不如求己，坚持搭乘沪杭火车，经上海，辗转赶抵泰和。

泰和是江西的一座小城，房舍破旧，交通不便，临时搬迁的浙江大学经过艰难的筹备经营，很快安置停当。等柳诒徵匆匆赶至泰和，学校已重新开课。

柳诒徵不顾旅途疲劳，稍事休息，第二天就走上了讲台。面对饱受战乱磨难的青年学子，想到日本侵略军的猖狂暴虐和为民族存亡浴血奋战的前线将士，柳诒徵心情十分激动。他首先从日本侵略军深入东南，攻占南京，制造了惨绝人寰的南京大屠杀说起，追溯中国历史上的内侮外患。他旁征博引，慷慨陈词，痛斥日本侵略军的残暴，指出中国历史上任何入侵的外族都没有日本侵略军惨毒。当他讲到中华民族素有不畏强暴、抵御外侮、同仇敌忾的精神，鼓励学生救国图存，共赴国难，同心抗战时，声音更加高亢，语调更加激昂，双手不禁微微抖颤。接着，他引用孟子语录，说："若夫豪杰之士，虽无文王犹兴"，可刚刚说到"文王"二字，突然两眼呆直，口角流涎，跌倒在地。柳诒徵深深的忧国之虑，强烈的爱国之情，以及过度的劳累，使他血压升高，得病中风。听课学生目睹这一情景，一时大哗，纷纷上前将柳诒徵抱起，让他靠着墙壁坐定。竺可桢校长闻讯急忙赶到教室，吩咐将他抬到医院急救。

病魔折磨着柳诒徵。三个月后，柳诒徵终于以顽强的毅力击退了病魔，走下了病床。不过，此时的柳诒徵身体还十分虚弱，不能随意活动，更不能上讲台授课。泰和的生活较为艰苦，不利于休养，于是，柳诒徵只得辞去教职，准备东归。竺可桢校长对柳诒徵因病辍教，深感不安，除亲自为他送行外，还指示秘书送上讲学薪资三百元。柳诒徵古道心肠，认为自己应聘讲学未能尽职，反而生病连累了学校，坚决不受无劳之酬。

柳诒徵在家人的陪同下，踏上了归途。此时，东南半壁，烽火连天，道路阻断。柳诒徵一行无法直接东行，只能绕道而走。从湖南，经广西，转道香港，再乘海轮抵达上海。

柳诒徵在上海稍稍休息，看到这座号称"东方明珠"的繁华都市，在日本侵略军的魔爪下，一片白色恐怖，心中十分凄楚，想赶紧离开这块是非之地，另寻他乡避难养病。

柳诒徵想到了苏北水乡兴化。

兴化地处苏北里下河，四周水绕，沟渠纵横，片片芦苇，遮村蔽野，历来被认为是避兵躲灾的好场所，有"自古昭阳好避兵"之说。柳诒徵在运藏国学图书馆书籍时，曾多次奔走于兴化县城与四乡之间，对兴化情况比较了解，而且当地也有熟人。于是，柳诒徵来到了兴化竹泓乡，在这茫茫水荡之中过起了避难生活。

1938年底，抗日战争进入了相持阶段。中国共产党领导的抗日武装在敌占区进行的英勇斗争，打乱了日本侵略军继续西进的意图，拖住了日本侵略军的后腿。苏北里下河一带亦成为新四军的游击区之一。日本侵略军为了“确保占领区治安”，调集了一半以上的侵华日军和几乎全部伪军，向共产党领导的敌后根据地进行了野蛮的扫荡。兴化四周的水面上亦不时出现日本侵略军的巡逻汽艇，芦苇深处也不时传来清剿新四军的枪声。

在日本侵略军频繁而又残酷的扫荡下，兴化的环境日渐险恶，生活也更加艰苦。柳诒徵决定离开这水乡泽国，前往大后方重庆，开始新的生活。

1942年，柳诒徵抱着到大后方去为抗日战争作贡献的满腔热情，取道上海赶往重庆。经过浙江、江西，绕道广东、云南、贵州，柳诒徵长途跋涉，在沿途各地门生弟子的帮助下，仆仆风尘，终于安全抵达了国民党政府的战时首都重庆。

重庆位于嘉陵江畔，是闻名遐迩的山城。上下交汇的道路，错落有致的馆舍楼台，使它呈现出别具一格的风韵。早晨，江上飘来的濛濛雾气，将整座城市带进了一种朦胧的意境，就像造化之神以神奇的巨笔描绘出的一幅巨大的中国山水画。夜晚，高高低低的山路缀饰着点燃的华灯，流光溢彩，就像巧夺天工的织女给整座城市绣上了美丽的花边。虽然在战时，街道上仍然车水马龙，人群熙攘，市容整洁，楼台堂皇。柳诒徵带着兴奋而又疑惑的心情打量着这战时首都。他从井然有序的城市生活和行人充满自信的目光中，看到了抗日战争必将胜利的希望；又从达官贵人安闲舒适、灯红酒绿的生活中，产生了一种对政府腐败不可救药的悲凉。

柳诒徵不想卷入官场，到政府部门谋差，只想尽自己所能，为抗战事业做一些实际工作。这时，中央大学已内迁蜀中。中央大学的前身即为东南大学，校内许多教授为柳诒徵的故旧亲朋，他们得知柳诒徵到渝，立即主张延聘他前来执教，于是，中央大学校长给柳诒徵递送了聘书。柳诒徵欣然应聘，担任了中央大学历史研究导师，主讲历史研究法，住进了柏溪分校。

柳诒徵是有声望的学术名人，他的到来既受到学术界的欢迎，也引起了政府的关注。此时，蒋介石正谋求在动乱中粉饰太平，在战争中实现独裁。他不以抗战大业为急，竟异想天开地要“制礼作乐”，想把封建文化的绳索贴上“新生活”的标签，用来捆绑人民的手脚，为此，特筹划建立“礼乐馆”。蒋介石对柳诒徵的德望早有所闻，知道他来渝，想借重他笼络硕学耆儒，以壮声势。蒋介石着令教育部先去探询。柳诒徵对抗战时局深以为念，对蒋介石粉饰太平的做法很为反感，不愿做国民党政府欺世盗名的御用工具，当即以年老体弱，学校课程已定，体力、精力不容双兼为由，婉言谢绝[①]。事后，柳诒徵写诗给朋友，云：

> 丛柘森严古道场，陪都群彦信汪洋。
> 乐崩礼坏萦怀抱，苦少瀛洲海上方。

对筹办“礼乐馆”事尽意讽谕，又与友人愤然言道：“吾岂叔孙通乎？”[②]明确表示不愿学汉代负责制礼作乐的叔孙通，为国民党政府欺蒙天下。由于柳诒徵不愿入彀，对蒋介石当头泼了一盆冷水，加之，国民党内部的一些有识之士认为不合时宜，力主反对，蒋介石筹划的开办“礼乐馆”的闹剧，才未能开场。

一波刚平，一波又起。不久，国民党军政要人、CC系特务头目陈果夫又向柳诒徵发出了请他去国民党中央训练团讲学的邀请。中央训练团原为国民党训练干部的场所，由蒋介石兼任团长。入川以后，由任侍从室三处主任的陈果夫负责，专门从事训练检察国民党政府中上层干部和训育人员思想、行动的CC系骨干。1943年，陈果夫报请蒋介石同意，开设了半年为期的中央训练团高级班。陈果夫为了表示礼贤尊儒，并向国民党内其他派系炫耀自己能罗致学者，以提高自己的声望，特想延请柳诒徵往高级班主讲中国史。陈果夫属下的一秘书主任名叫罗时实，曾在东南大学就读，自命出

① 陈训慈：《劬堂师从游脞记》，载《柳翼谋先生纪念文集》。
② 段熙仲：《忆柳翼谋先生及其他》，《南京史志》1984年第3期。

于柳诒徵门下，为借机讨好上司，极力奔走致聘，巧辞劝说。柳诒徵对中央训练团所为早有了解，对蒋介石强化专制独裁的做法相当不满，根本不愿为陈果夫脸上贴金，坚决辞谢。陈果夫见罗时实礼聘无效，又派一员前来威逼，柳诒徵当即写信交来人面呈陈果夫、罗时实，表示不能就聘。柳诒徵在信中明言对陈果夫的做法“极感不快”，又推托道：“唯所急者，今上午以赶将审查文件付邮后，自谓心胸郁闷，午饭后特感不适，坐在藤椅上，口角抽筋历一小时，时停时续，幸神志尚清且能语，急请校医诊治，谓宜静养，因此立即函达，恳就近即向罗君转呈实情云云。”[1]陈果夫见柳诒徵态度坚决，不敢进一步相强，讲学事只得作罢。

柳诒徵在国难之际，不为名动，不畏权势，坚持不与国民党反动派同流合污，洁身自持，保持了一个正直的爱国知识分子的高尚人格。

柳诒徵在中央大学柏溪分校一边讲学，一边潜心撰述，不时应邀赴各大学讲演，或进城内与老友相聚，共叙友情，生活相当充实。此间，他在讲稿基础上，修改完成了总结其史学思想的学术名著《国史要义》。

柳诒徵的学术成就受到了学术界同行的一致肯定，教育部召开学术评议会，他被遴选出席；教育部礼聘部聘教授，他厕身其列；中国史学会选举，他荣任会长。“梅花香自苦寒来”，经过几十年的不懈努力，柳诒徵终于登上了中国学术界的高峰。

1.5　晚岁喜逢春（1946—1956）

1945年，中国的抗战形势发生了根本性的变化。8月8日，苏联政府宣布对日作战，使日本帝国主义妄图利用中国东北、朝鲜和日本本土进行负隅顽抗的计划彻底破产，中国解放区军民立即转入了全面大反攻。9月2日，日本外相重光葵、参谋总长梅津美治郎在停泊于东京湾的美国军舰密苏里号上签订了投降书，嚣张一时的日本帝国主义终于败亡，中国人民经过八年艰

[1] 柳定生1944年2月21日给陈训慈信，转引自陈训慈：《劬堂师从游脞记》。

苦卓绝的英勇斗争，赢得了最后的胜利。

抗日战争的胜利，使全国人民欢欣鼓舞，奔走相庆。虽然，国民党反动派磨刀霍霍，想乘机发动内战，消灭中国共产党及其领导下的人民武装，强占胜利果实，但早已盼望抗战胜利的柳诒徵首先想到的却是如何接收敌占区的图书文物，确保祖国的文化瑰宝不致流落失所。他在宣布抗日战争胜利后的第三天，就撰写了"接收收复区图书文物"的建议送交教育部，并请友人陈训慈送交报刊发表。在建议中，他以平时对日伪盗窃图书文物的关注，揭露出"敌伪对于公私书籍盖先尽私人剽窃分据，而后汇为公藏"，提出"须对敌伪劫去之图书文物，彻底追查，各归其主"；"严密关防，勿令彼方所留职员得乘敌我交替之时，隐藏盗窃"。根据"敌伪劫掠图籍不限地域"的情况，他提出"订一共同办法，互相联络"，以期四海一家，通力合作，订出接收文物图籍的共同准则。

这年秋天，柳诒徵怀着对国学图书馆藏书的惦念，匆匆忙忙赶回南京，受命复任国学图书馆馆长。

这时的国学图书馆，房屋已被附近一所中学占用，书籍、器物荡然无存。为了尽快重整旧业，恢复战争创伤，使图书馆早日开放，柳诒徵拖着老迈多病的身躯到处奔走，四方查访，上下交涉，据理力争，费时一年，终于收回了被中学占用的房舍，从伪博物院、伪中央图书专门委员会，以及其他各处收回国学图书馆旧藏书籍十九万册。由于过度辛劳，柳诒徵中风旧疾复发，一度病休。

柳诒徵有着强烈的事业心。病后初愈，他就立即到国学图书馆上班，率领馆内员工整理图书，分部别类，搬运上架。十多万册的图书，整理起来相当辛劳，他常忙得汗流浃背，但想到祖国的复兴，他不肯一日休闲。他曾在《病起登陶风楼检书赋》中写道：

一束书流汗几升，春秋晒昼事涤绳。

敢因群力张儒素，要倚邦家运中兴。

浙水连舻走秣陵，卅年萃聚万年朋。

剧怜九载俄空后，蠹简重寻秘阁登。

表达了他为振兴祖国文化事业，甘愿吃苦流汗的心情。

经过艰苦努力，国学图书馆很快重新开放。柳诒徵为了方便读者检览，让世人了解重新开放后的国学图书馆的藏书状况，立即着手编修《国学图书馆现存书目》。1948年8月，正、续两编的《国学图书馆现存书目》编就出版。这部《国学图书馆现存书目》，不仅是国学图书馆藏书、部列状况的展示，而且是控诉日本帝国主义侵华暴行，破坏中国文物图籍的一份清单。

抗日战争胜利后，在全国各省市中，图书馆能够迅速恢复并编就实存书目者，唯南京国学图书馆一家。柳诒徵复兴祖国文化之功甚伟！

此时，柳诒徵工作十分忙碌，除了倾力恢复国学图书馆外，还不时参加各种学术活动。由于他在学术界的声望，1947年初，国史馆聘任他为兼职纂修；1948年3月，中央研究院成立历史学科组，他又当选为第一届的历史学科组的院士。这时，他虽已年近古稀，但工作热情未减。然而，时局的发展，使他对国民党政府失去了希望，逐渐产生了退隐之心。

从1946年起，在神州大地上，以中国共产党及其领导下的人民大众为代表的进步势力，与以蒋介石为代表的国民党史反动派和黑暗势力，进行了一场关系到民族存亡的历史性的大决战。1948年，这场决战到了一个重要的转折关头，中国共产党领导下的人民解放军从战略防御转入了战略进攻，国民党反动派节节败退，其罪恶统治已临近覆灭。身在都城的柳诒徵目睹国民党政府的腐败，对国民党政府失去了信心，不愿继续留在南京供职，就以年老为由，申请退休。拖延数月后，申请获准，他立即了结了手头事务，办理了退休手续，迁往上海暂住。

1949年，中国人民解放战争取得了决定性的胜利。4月21日，中国人民革命军事委员会主席毛泽东和中国人民解放军总司令朱德发出了《向全国进军的命令》，命令人民解放军全体指战员“奋勇前进，坚决、彻底、干净、全部地歼灭中国境内一切敢于抵抗的国民党反动派，解放全国人民，保卫中国领土主权的独立和完整”。人民解放军遵照命令，在西起江西湖口、东至江苏江阴的千里战线上，发起了强大的渡江攻势，迅速摧毁了敌人苦心经营的长江防线，打破了敌人妄图凭借长江天堑，实现划江而治的梦想。4月23日，人民解放军的红旗插上了国民党的“总统府”，宣告了蒋家王朝的覆灭。从此，中国历史翻开了崭新的一页，中国人民站起来了！

柳诒徵在上海迎接了解放。虽然，他对共产党、人民解放军还不大了解，但他看到纪律严明的人民解放军战士露宿街头，对民众毫不惊扰，从心中感叹共产党是人民救星，解放军是仁义之师。凭着多年对历代兴亡的研究，他意识到太平盛世即将到来。为此，他满心喜悦，庆幸自己在古稀之年喜逢新生。

中国共产党对保护祖国文化遗产十分重视。5月，上海刚解放，8月，陈毅市长即命令组织上海市文物管理委员会，特聘柳诒徵为委员会委员。柳诒徵深为共产党重视祖国文化、礼遇贤才的做法所感动，不顾年老多病，当即应聘。

上海市文物管理委员会工作人员不多，所聘学有专长的专家只有十人。委员会下设图书、古物两个组及一个征集组，柳诒徵任图书组主任。当时，上海刚解放，从国民党机关、部门接收来的图书很多，各方为振兴文化事业所捐赠的图书也不少，文物管理委员会内图籍堆积，亟需整理保管，工作量相当大，而图书组的四五个帮手都是二十多岁的年轻人，对书籍整理鉴定毫无经验。为了及时完成任务，柳诒徵努力工作，勤奋不怠，常常一大早就赶到文物管理委员会，亲自检理群书，直干到天黑才回家。从他所记日记，可以略知当时工作情况之一二：

一九四九年十月十八日，晴，寒。换穿丝棉袄。赴会时，门尚未开，候程君成，始得入室。从尹君检书。

一九五〇年五月二十九日，晨有晴色。尹命夏、孟等发麻袋悉数倾之中堂地下，指挥奔走，予仍在楼梯侧整理乱书，逐渐将毕，尹以所检《困学纪闻》等各书嘱予录存，予即逐书记录。至午后，乃视察中屋，则乱书坌集，止孟一人伏地检寻，了无头绪，凡尹所说诸人皆乐于相助理书者，皆属子虚乌有之谈，予乃取一小空箱坐地下与孟分头检理。已而丁三来，大笑，谓从此就好了。以为乱书不过如此也。尹与之谈麻袋悉数发出，此外尚有二百箱。予曰：只有一百数十箱，以我一人已查过九十余箱，全数不过二百七十箱，三九二百七，现查过近百箱，决无二百箱也。丁略事检寻，尹嘱其稍稍著手，即上楼休息，不可呆干；盖见予已伏地呆干。前在觉林本已与丁相约：今日下班后，同至尹新寓。丁在楼上闲话久之，乃来语予，今日不诣尹寓，予亦唯唯。予检书至五时半，室中已黑，不能辨字，始将所检者移到外间理之，近六时始上楼。①

整理图书，要在归类；提供善本，重在鉴别。柳诒徵本着对图书文物事业高度负责的精神，慎重从事，详加检寻，在文物管理委员会工作期间，从四面八方来书中，检索出许多珍稀善本，为抢救祖国文化遗产做出了贡献。

为了培养新中国图书文物事业接班人，他毫无保留地把自己渊博的版本目录学知识和丰富的鉴别经验传授给共同工作的年轻人，对他们随时进行指导。与柳诒徵共同工作过的吴孟复先生写诗言道：

过眼宋元刊，点指指字样。

鉴别辨楮墨，沿革说装潢。②

概括地描绘了柳诒徵当时耐心传教的情景。

1951年，新中国建设进入高潮。上海市政府为发展文化事业，着手筹

---

① 柳诒徵：《劬堂日记抄》。

② 转引自柳曾符：《霞墅检书记》，载《柳翼谋先生纪念文集》。

建图书馆，柳诒徵又被聘为图书馆筹备委员会委员。为了使上海图书馆尽快建成开馆，柳诒徵与著名史学家顾颉刚、版本目录学家顾廷龙等共同商讨，群策群力，仅费时一年余，就使上海图书馆正式对外开放。

此时，柳诒徵工作热情很高。早在1938年，他在与朋友闲谈时就说，他统计过《汉书·儒林传》中所收诸儒年龄，平均享年为五十九岁，自己与前儒相比，寿已“及格”。而到了1951年，他与朋友谈时则称，生年逢河山一新，自己仍能工作，实为乐事[①]。由此可见，他对新中国的情感是何等深厚。

在建设新中国的热潮中，客居上海的柳诒徵，非但积极地为上海文化建设出力流汗，而且时刻关心家乡的文化建设。1950年，镇江市市长何冰皓特聘柳诒徵为镇江市文物名胜保管委员会委员，柳诒徵欣然应聘，并立即提出恢复镇江学术名胜“绍宗楼”的建议。

绍宗楼始建于1933年。清乾隆年间修成《四库全书》，为贮藏这部丛书，曾在江浙建立三阁，即杭州文澜阁、扬州文汇阁、镇江文宗阁。咸丰年间，太平天国起义，镇江文宗阁毁于战火。1933年，镇江人吴寄尘为了表达绍承规复文宗阁的心意，遂出巨资在镇江伯先公园云台山上建成藏书楼一座，取名“绍宗国学藏书楼”，并将家中藏书运到楼中收藏，一时，成为镇江文化盛事。1935年，吴寄尘病逝，绍宗楼由柳诒徵等学术名人组成的绍宗藏书楼董事会管理。抗日战争期间，绍宗楼遭到破损，藏书散逸。抗战胜利后，柳诒徵一直想恢复绍宗楼，只恨国民党政府不以民生为念，宿愿难以实现。

人民政府十分重视柳诒徵的意见，1951年镇江市政府决定拨款重修绍宗楼。柳诒徵闻讯后，十分高兴，立即将自己旧有藏书一千二百四十八册及杂志二百四十六册，捐赠绍宗楼收藏。同时，他又四处劝说朋友捐赠，募集了线装书八万余册。

在绍宗楼复建期间，柳诒徵数次由上海返回镇江，为绍宗楼复建筹划献策。绍宗楼复建后，镇江市文管会拟撤销机构，柳诒徵担心绍宗楼管理

① 陈训慈：《劬堂师从游脞记》，载《柳翼谋先生纪念文集》。

无着，立即写信给镇江市文管会陆小波先生，建议镇江市成立博物馆，使绍宗楼有所归属。他在信中写道：

镇江市文管会取消，与省属各市县一律，乃通案，非一地独然，鄙意同人惟当与文教局协商善后之策，仍须说明绍宗楼之由来与他县他市不同之点，敬祈我公与当事详言之。绍宗楼之初意，只因乾隆时，江苏、浙江两省有三阁收藏三部《四库全书》，而江苏乃有二阁二部，此为全国所无，即此可见满洲帝王时代特别注重江苏省之文化。咸同以来，江浙三阁俱毁，书亦无存。其后杭州人乃陆续抄配一部《四库全书》，而江苏之镇江、扬州，不能同时并举，此我镇江人之不努力，亦即江苏省之憾事。吴寄尘以一穷秀才，忽然倡办绍宗楼，捐置书籍，虽未能即比文宗阁，其志愿极可佩服，不幸遭倭乱藏书尽失，楼亦残破，幸而江苏省镇江市人民政府修复该楼，各方人士捐集书籍字画，仅及三年，已得线装书七万余册，尚有各方接洽欲捐者，此不可谓非人民政府鼎力提倡，及公等鼓吹协助之公谊，无论吴君初捐之书二万余册不迨今日，即满清帝王所颁发之《四库全书》不过三万六千册，才得今日所得书之一半，此镇江市可以超过满清提倡文化之一特色也。书楼与书籍、字画本与文管会是两事，文管会不妨取消，书楼及书籍、字画尚须妥为保管及陆续扩充。度苏省及吾市政当局必有良法美意以指示吾民，吾民有所见，亦宜趁此时，详陈颠末，贡献意见。目前经济紧缩，不过暂时之事；书楼与书籍等扩张尽可徐待物力丰穰之时，但冀省、市当局了然此意，酌留员三数人，规定生活费，仍如前工作。有本地及各地学者欲造此楼观书研究者，仍予随时接待，使来者晓然于当局在节约生产中仍注意文化教育并行不悖，实为因时制宜。

又私意当局或将此楼之书归并城内图书馆，恐该馆亦无多房屋，不能容纳，至多将此楼作为城内图书馆之分馆，亦必须派员照料，不如直接文物局，即为文物局保管镇江市文献的一个小小机构，且尚可陆续征集文物，不止于七八万册已也。或者仿苏州市之例，设一博物馆筹备处于此楼，现在读线装书者，大抵视之如古物，亦是一举两便。类如吾乡宗忠

简公画像宗谱，乃南宋以来最有名之古物，流传在沪，正在接洽收归镇市，此博物馆亟须筹备之事实也。[①]

1956年初，柳诒徵已重病在床，仍念念不忘绍宗楼事，作诗言道：

春申江上六清明，花信番风岁岁新。

赢得绍宗楼在望，故书雅记唤乡人。

柳诒徵确是尽瘁家乡绍宗楼了。

世事苍茫，人命危浅。

1956年2月3日，柳诒徵带着逢春的喜悦和未竟事业的遗憾，告别了人世，享年77岁。一代国学大师经过艰苦的跋涉，走完了漫漫的人生之路，在学术的峰巅上与世长辞了！他以光耀后世的累累学术成果和对祖国文化教育事业的巨大贡献，实现了自己的人生价值。

柳诒徵的亲友、同事、学生纷纷前来吊唁，送上花圈、挽联、挽词。在众多挽联中，上海市文物保管委员会、中国科学院上海办事处、上海图书馆敬送的挽联，哀婉而又概括地叙述了他的一生：

春秋博记，目录专功，著述老劬堂，如翁耋寿能臻，续史完成新社会；

作客金陵，避兵蜀道，艰难明大节，此日中枢为一，招魂犹念旧家山。

柳诒徵的生命虽然结束了，但他的学术薪火长传不息。在中国群星璀璨的学术星空中，他是一颗恒星，不管人们是否留意，总是闪耀着独特的光辉。

① 转引自柳曾符：《哀翁尽瘁绍宗楼》，载《柳翼谋先生纪念文集》。

第2章　开创未来的历史教本
——《历代史略》

柳诒徵在早年的学术生活中，曾编写过一系列的教材，其中，《历代史略》是问世最早而又具有代表性的一种。这部在维新变法的风潮中诞生的历史教科书，反映了他早年的史学观点，也留下了中西文化碰撞下的思想痕迹，尤其是它独特的编写方式，开创了中国历史教科书的未来，在近代中国教材编写史上有着重要影响。

2.1　时代的产儿

1840年，英国对中国发动了罪恶的鸦片战争，一贯以天朝大国自居的清政府，稍作抵抗就败下阵来，被迫同意五口通商，打开了中国的大门。

中国的失败，教训了盲目自大的清政府，也震醒了部分尚未麻木的中国人，他们不再相信青龙旗的神灵，不再以五千年文明扬扬自得，转而苦苦思索中国为什么失败。终于，他们想到了帝国主义的洋枪洋炮，看准了中国的失败就在于技术不够先进，而技术不够先进的根本则在教育不张，民智不开。所谓“泰西各国，人才辈出，其大本大源，全在广设学堂”[①]。于是，他们接二连三地上书朝廷，呼吁办学校，开民智，学习西方先进技术。洋务派代表人物之一的李端棻在送给皇帝的《请推广学校折》中，倡议在全国范围内开设府、州、县学，省学，京师大学堂等三级学校。洋务派主将张

① 《光绪政要》17册，卷21，转引自《近代学制史科》第一辑下。

之洞在《劝学篇·设学》中也提出："各省、各道、各府、各州县皆宜有学，京师、省会为大学堂，道、府为中学堂，州、县为小学堂。"

其实，中国的教育史不可谓不长，学校设置不可谓不广，社会地位也不可谓不高。儒家心目中的太平盛世，以"郁郁乎文哉"著称的西周，即已有所谓庠序之教。战国时期，各国变法办学犹如风潮，齐国的稷下之宫，名标史册，成为办学的典范。汉代以降，中央政府设有国子监，地方政府办有州学、县学，学校更为普及。而那位在春秋时期的鲁国辛勤办学，据说是培养出弟子三千，贤人七十二的教育家孔子，更被历代统治者晋级加封，最终戴上了一顶高得吓人的"大成至圣先师"的高帽，为人们顶礼膜拜。至于民间百姓，也总是把教师看成与天、地、君、亲同等重要，常常在家中供上天、地、君、亲、师的牌位，烧香磕头；连游学乡间的以教业为生的村学究，虽然文墨不多，只因沾了一个师名，也免不了被乡民们垂青相待。

然而，也许正是这种不同寻常的重视、礼遇，倒使教育走偏了航线。汉武帝罢黜百家、独尊儒术，在官学中设立五经博士，引导学生于五经用心，使学生思想活动的空间大大缩小；宋代连学校经学的课本都作了规范，在学者就更谈不上思想自由了。明代中叶以后，办学者更荒唐可笑，将学校教育与做官紧密挂钩，官办学校中非但学生读书的课本一律，连考试作文的程式也要一律。这样，培养出的学生只能人云亦云，且不要说用心于科学技术，进行发明创造，即使经书的原意也不甚了然。封建统治者笼络住了一批才智好、心力高的知识分子，培养出了一批维护自己统治的应声虫，可以心安理得地睡觉了，而素以文明著称的古老中国，却教育越办民智越糊涂，教育越办国力越衰弱，难怪，在民族存亡之际，在帝国主义的坚船利炮面前，革新人士要高喊向西方学习，改革教育，开办新式学校，开发民智了。

革新人士震耳欲聋的呼声，终于传进了门禁森严、世隔九重的紫禁城。坐在龙殿宝座上的最高统治者经过反复掂量，点头同意开办新式学堂。1898年，戊戌变法展开，光绪皇帝正式下令在全国各地筹办各级学堂。虽然，短短百日，光绪皇帝主持的戊戌变法就在朝廷内部权力斗争的倾轧下失败，但各地兴办新式学堂的势头依然不衰。据有关统计，自盛宣怀开办“西学学堂”和“南洋公学”始，至1905年，全国各地已有公立、私立新式学校计4222所，1911年，更达52348所。

新式学堂的课程设置，一改旧式学校独尊经学的陋习，效法西方各国，以自然科学与人文学科并重。其中值得注意的是，历史作为专门课程，受到了特别重视。

重视历史本是我国值得骄傲的传统。据说黄帝时中国就有了史官，专门负责记载历史，汉代以后，各朝官修正史逐渐成为定例，至大清之世，一部前后相贯的大部头的官定二十四史，足以压倒西方各国，成为中国史学发达、源远流长的标志。然而，就在这个一贯标榜重视历史，强调“以史为鉴”的国度中，历史课程却只是封建政治学——经学的婢女，在旧式学校中并未取得真正独立的地位。明清之际，文人士子以科举为重，只管埋首经书，练习八股作法，根本无心学习历史，以至名列皇榜的进士和宠居翰林的秀才，“而竟有不知司马迁、范仲淹为何代人，汉祖、唐宗为何朝帝者！若问以亚非之舆地，欧美之政学，张口瞪目，不知何语矣”[①]。

中国国门打开以后，一些勇于开眼看世界的人士惊讶地发现：西方各国都十分重视历史教育，各级学校都设有历史课程。维新派代表人物梁启超甚至由此认为，史学是西方进步、文明的动力之一。他指出：

> 史学者，学问之最博大而最切要音也，国民之明镜也，爱国心之源泉也。今日欧洲民族主义所以发达，列国所以日进文明，史学之功居其半焉。[②]

于是，他们极力鼓吹振兴史学教育，那位批评“万马齐喑”，盼望天公抖擞，

① 康有为：《请废八股试帖楷法取士改用策论折》，《中国近代资料丛刊·戊戌变法》第2册。

② 梁启超：《新史学》，见《饮冰室合集·文集之八》，第1页。

“不拘一格降人才”的龚自珍更大声疾呼，“欲知大道，必先为史”[①]。

在洋务派、维新派的推动下，各地新式学堂都先后开设了史学课程。康有为开办的万木草堂，就曾设置了“万国政治沿革得失”、“中国政治沿革得失”等课目。由梁启超任中学总教习的湖南时务学堂，学生除了要通晓中国历史沿革得失，还要学习《日本国志》、《万国史记》、《泰西新史揽要》，了解西方各国历史变迁。

形势的发展，迫使清政府不能不作出正式的应答。1901年，清政府颁布了“癸卯学制”，正式规定蒙学院、初等和高等小学、中学堂、高等学堂（包括师范学堂）、分科大学堂、通儒院、进士馆都要设立历史课。“癸卯学制”统一了全国的学制，使各类学校的历史课程设置更加规范。

当时，清政府对各级、各类学校历史教学的内容深浅和范围都作了较为详细的规定。如《奏定大学堂章程》中规定的中国历史教学内容，就有：

> 历代统系疆域、政化创始因革之大端，历代国政善否、国力强弱之比较，古今地方盛衰和地势轻重之变迁，历代人民多少与国家之关系，人民性质智愚强弱之变迁，物产盛衰之原因，历代建置都会重镇之用意，官制得失、内外轻重之变迁，历代人民贫富不同之故，国用足不足之故，学校之盛衰，文人学士于国势民风强弱有关系之处，民间习俗嗜好于国家有关系之处，历代选举之得失，历代人才多少之比较，兵制之变迁、兵力强弱之故，农业盛衰之故，工作日趋精巧之渐，工艺有益无益之区别，商业开通之渐，水陆道路于民生国势之关系，物价贵贱之变，历代钱币之得失，度量衡之变迁，赋税利弊之比较，历代朝廷用财之法式，历代理财家之宗派，刑法之得失，历代吏权轻重之故，历代工役用民力和不用民力之别，沿海利害之变迁，历代治河之得失，游民游士之所由来，各种教派之消长，外国渐通中国之原委，历代交邻驭外之得失，各种利源之创始，各种政事积弊之所以然，礼乐仪文丧服之改变，古今历法之变迁，历代典祀

① 龚自珍：《尊史》，见《龚自珍全集》，第81页。

盛衰与政俗之关系，历代政事之门户派别，历代学术之门户派别，每一朝政事风俗偏重之处，奏议公犊体式之变迁，外国史可证中国史之处，历代变法得失不同之故，历代史法之长短和史学家之盛衰等。[1]

新式学校的兴起和政府、各界对历史教育的重视，要求新的历史教科书的诞生。在此以前，广泛流传于社会和旧式书院的历史读物，无非是《二十四史》、《御批历代通鉴辑览》、《纲鉴易知录》，以及一些童蒙教材。这些读物或部头太大，或过分简略，或内容狭窄，根本不便教学。新式学校普遍设立以后，改革旧式历史读物，编写新式历史教材，就成为教育者的共识。

在社会需要的推动下，各地、各学堂纷纷着手编印新式历史教材。不过，编写新式历史教材并非一蹴而就的易事，为了应付各地大批新式学校的急需，人们不得不借重外国，“借用外国成书以资诵习”[2]。在所借用的外国教材书中，日本人编写的最多，如市村瓒治郎所著《支那史要》、那珂通世所著《支那通史》、河野通之所辑《最近支那史》、桑原骘藏所著《东洋史要》、小川银次郎所著《西洋史要》等都被译成了中文，由各书局发行问世。这种对日本人所编教科书的大量借用，并非出于对日本人的偏好，而是日本人与中国人所谓“同文同种”，同属一个文化圈，所编教科书较切近中国实际、较便于实用。

在各地编译新式教科书的热潮中，柳诒徵来到了由缪荃孙主持的南京江楚编译书局，从事编译工作。

柳诒徵对词章、经学、史学都有一定的研究，不过他认为，讲国学宜先讲史学。他在东南大学的一次讲演中曾说过：

我们要讲国学，必须先将各国的学问比较一下，哪一种学问在世界各

---

① 《奏定大学堂章程》，转引自舒新城：《中国近代教育史资料》中册。
② 张百熙：《学务纲要》，转引自舒新城：《中国近代教育史资料》上册。

国都有的，那就要问某一种学问在中国是特别发达、特别完备？自然，中国的小学、经学、理学、文学等等比较他国特别发达，但是最初发达的，无过于史学，后来逐渐进步，尤其完备。所以，我说讲国学宜先讲史学。①

这话虽说于1935年，但这种认识却是他从进入编译书局之时就一直有的。正是基于这种认识，他一头扎进了历史学的河流之中，以主要精力从事历史研究，并从事各种历史教材的编写。1902年1月，他着手编写适宜通史教学所用的《历代史略》，9月，全书编就，由江楚书局出版发行。

柳诒徵编写《历代史略》的蓝本是那珂通世所著的《支那通史》。《支那通史》系以汉文编写的中国通史，共四卷，分上世、中世两部，叙事起上古，迄南宋。这部章节体的历史教科书在19世纪末传入中国，产生了相当大的影响。1899年，著名学者罗振玉在重刻《支那通史》序中，称赞此书“持今世之识以读古书，故其所作，提要钩玄，而于政治、风俗、学科之间，尤三致意”，是一部“简而赅，质而雅”的历史教科书。不过，话虽如此，它毕竟是外国人编的中国书，且不要说识见偏左，有隔碍难通之感，史事漏略、舛误处亦所在不少。柳诒徵对此书的优缺点十分了然，他本着取法而不泥法的精神，在此书的基础上进行了新的创造，以自己的观点对史事重新进行叙述编排，并续修了近世二卷，使所叙述的史事延至明末。经过柳诒徵的改编，《历代史略》从《支那通史》中脱胎而出，成为具有新的史学精神，内容较为完整、充实，适合中国新式学校使用的新的历史教科书。

变革中的社会是新事物的产床，也是新事物的助长剂。柳诒徵的《历代史略》在举国创办新式学校的热潮中诞生，并走向了社会，立即受到了社会的欢迎。1902年江楚书局出版初印本，1903年，湖广督署就重刊发行。

2.2 保守的历史倾向

20世纪前后，改革变法在中国大地上虽已深入人心，但是，要求彻底打

① 柳诒徵：《讲国学宜先讲史学》，载《柳诒徵史学论文集》，第492页。

破封建的牢笼，主张完全叛逆中国传统思想的只是少数，对于大多数的文人学士来说，“中学为体，西学为用”仍是至明至要的真理，向西方学习，只是要学习西方制造坚船利炮的技术，以便“师夷之长技以制夷”；至于中国传统的封建道德观念、思想准则、行为规范，却如同贾宝玉身上所系的“通灵宝玉”，是万万丢不得的。

清政府是这种社会思潮的积极倡导者。1901年到1904年，当清政府重开“新政”，颁行“癸卯学制”，广开新式学校时，提出的教育方针就是“以四书五经、纲常大义为主，以历代史鉴及中外政治艺学为辅”，“以忠孝为本，以中国经史之学为基”。1903年，《奏定学堂章程》进一步明确提出了各级历史课程的教育要义，如初等小学的历史科目，要求学生“俾知中国文化所由来，及本朝列圣德政，以养国民忠爱之本源，尤当先讲乡土历史，采本境内乡贤名宦流寓诸名人之事迹……以动其希贤慕善之心”[①]。中等学堂的历史教育，强调“注意在发明实事之关系，辨文化之由来，使得省悟强弱兴亡之故，以振国民之志气”[②]。清政府的目的，就是要按照“中学为体，西学为用”的要求去造就一代接班人，以确保科技发展而又不动摇其封建统治。

清政府提出的教育方针和历史教学的要求，无疑是当时编写、出版历史教科书的指南，也无疑是柳诒徵编写《历代史略》时必须考虑的准绳。不过，我们不必据此强行推断，柳诒徵编写《历代史略》时，只是被动地按照官方的要求去办事。实际上，他当时也是“中学为体，西学为用”思想的赞同者。而且，由于他从小在一个相对保守的家庭中成长，受过严格的传统儒家思想教育，进入编译书局，又投身于具有浓厚保守思想的缪荃孙先生的门下，对倡导中国的传统思想、道德，更有着一种本能的追求。虽然，这种本能的追求并不意味着与清政府沆瀣一气，但在已经涌动的旨在推翻清政府封建统治，建立民主、共和政体的进步潮流面前，就显得有些落后。

普遍的社会思想状况、个人生长的文化氛围，以及相对保守的思想意识，就使柳诒徵的《历代史略》呈现出一种保守的历史倾向。

---

① 《奏定高等小学堂章程》，转引自舒新城：《中国近代教育史资料》中册。
② 《奏定中学堂章程》，转引自舒新城：《中国近代教育史资料》中册。

在历史观中，核心是对历史发展的认识。鸦片战争以后，传统历史观中进步的变易观日益为一些思想进步的学人所重视，龚自珍、魏源都曾以历史变易观为依据，提出了一套历史进化的理论。

龚自珍认为历史变化存在着某种必然趋势，“自古及今，法无不改，势无不积，事例无不变迁，风气无不移易”[①]。他在《答人问关内侯》一文中具体讨论了郡县制取代封建制的问题，明确指出，封建、郡县“天下两立。天不两立，何废何立，天必有所趋，天之废封建而趋一统也，昭昭矣”[②]。在中国文人学士争论了两千年的封建、郡县孰优孰劣的问题上，旗帜鲜明地肯定了郡县制取代封建制，乃是一种历史的必然。魏源则认为历史是一个按照太古、中古、末世三世依次递变，往复无穷的过程，历史在这种过程中不断进步[③]。龚自珍、魏源都明确反对颂古非今的复古史观，认为今胜于昔，认为古今变易是大势所趋。

柳诒徵在《历代史略》中将一部绵延五千年的中国史划分成上世、中世、近世，在《总论》中宣言：

> 政治之得失，学术之升降，疆域之分合，国势之隆替，代有不同。然统观历代，大抵自唐尧至秦而一变，自汉至五代而一变，宋元以来风气与上古划然不可复合，故兹编为三大纪。

似乎与龚自珍、魏源有着同样的进步的历史交易观。

然而，我们不要忘记：柳诒徵的《历代史略》在整体结构上乃是取法于那珂通世的《支那通史》，而那珂通世的原本即以三段划分，标明上世、中世，只是近世未完成而已。如果我们再了解到柳诒徵在其历史观成熟后

① 龚自珍：《上大学士书》，见《龚自珍全集》，第139页。
② 龚自珍：《答人问关内侯》，见《龚自珍全集》，第331页。
③ 见魏源：《默觚下·治篇》。

曾明确提出，“自清兴至民国之事迹，是为近代史”[1]，就不难发现，《历代史略》中上世、中世、近世的划分，乃是对那珂通世原本框架的不自觉的沿用。而且，柳诒徵在《总论》中，只是说明了历史在变，并没有阐述对这种“变”的认识，而对一个人历史发展观认识的关键，并不在于是否承认历史在“变”，而是怎样地看待这种“变”，是肯定历史“变”的进步，厚今薄古；还是否定历史的“变”，颂古非今。

柳诒徵在《历代史略》中抱着对上古之世十分尊崇的心情，对尧、舜、禹等儒家心目中的上古圣贤进行了高度评价，对孔夫子朝念夕思的所谓西周盛世予以了充分的肯定。他甚至认为封建制、郡县制并无本质的区别，郡县制的出现，只是“礼崩乐坏”而已。他写道：

> 民生利用之事，皆出于群圣人之制，后世虽有损益，莫能出其范围。
>
> （西周）当其盛时，王畿千里，居重驭轻，同姓诸侯，列据四方，以御外侮；异姓与诸姬相婚媾，亦不敢离叛，朝聘会盟，出车赋役，以维系群情者，意在深远，故诸侯各私其土，子其民，而奉王室之政刑，与郡县之制无异。周襄王失其政刑，异姓大国始有贰者，诸姬亦已疏远，自相阋争，畿内诸侯，复图自立，于是强并弱，大吞小，渐非周初之制。

而且，在以后的各个章节中，他对历史的变化并没有多少肯定的表述。从《历代史略》的全部内容来看，我们可以感到，柳诒徵认识到的历史之变，是今不如昔的变。他所承认的历史之变，与龚自珍、魏源所承认的历史之变，委实是冰炭不同炉的。

1840年以来，是否赞成改变祖宗之法，促进历史变革，一直是中国政坛上新旧两派斗争的焦点。改革派人士为了改变中国积贫积弱的现状，高喊“变法”，要求从祖宗之制开刀，改变旧制，推行新法。为此，他们找出历史

① 柳诒徵：《史学概论》，载《柳诒徵史学论文集》，第107页。

武器，对古今中外一切变法举动高唱颂歌，并从变法改革成功的历史实例中找寻立论的依据。严复在《与〈外交报〉主人书》中就曾列举了日本明治天皇、普鲁士国王腓特烈大帝及俄国彼得大帝的改革，说：“方其发愤图自强，其弃数百千年之旧制国俗，若土苴然。”[①]龚自珍也反复强调：“一祖之法无不敝，千夫之议无不靡，与其赠来者之劲改革，孰若自改革？抑思我祖所以兴，岂非革前代之败邪？前代所以兴，又非革前代之败耶？”[②]魏源更直截了当地申言：“天下无数百年不弊之法，无穷极不变之法。”[③]守旧派则处心积虑地维护祖宗之法，宣称“祖宗之法不可变”。他们也从历史武库中找寻武器，借历史上的变法不成功来力证变法不可行，借攻击力主变法的历史人物来发泄心头的怨气。

在这延续了半个世纪的新旧两派的变法论争中，柳诒徵也借评价历史，表明了自己的立场。

他在《历代史略》中交代宋代王安石变法时，作了这样的评述：

> 凡安石所行新法，青苗最为深害，其他保甲、募役、市易、保马、方田、均税，免行钱诸役，相继并兴，其法虽未皆恶，行之不得其人，且以违祖法，乖民情，故上下不便，怨议纷起。安石尝谓，“天变不足畏，人言不足恤”，时人皆以为慢天悖经……安石执政六年，老成正士，废黜殆尽，儇慧少年超进用事，举国怨之。
>
> 神宗在位十八年，平生不御宴游，劳心政务，日昃不暇食，然求治太急，进人太锐，误用王安石，变坏法度，竟遗国之大患。

显然，他反对王安石变法坏祖宗法度的做法。历史是现实的借鉴，柳诒徵以批评的口吻，发表的对王安石“违祖法”，导致“怨议纷起”；宋神宗误用王安石，“变坏法度，竟遗国之大患”等诸多议论，曲折而清楚地表明了他对

① 严复：《与〈外交报〉主人书》，《严复集》第3册，第560页。
② 龚自珍：《乙丙之际箸议第七》，载《龚自珍全集》，第6页。
③ 魏源：《筹鹾篇》，载《魏源集》，第432页。

当时变法争议的态度，即“祖宗之法不可变”。

柳诒徵对王安石变法的评述，是他保守的历史倾向的又一体现。这里所说，绝非深文周纳，我们只要知道他所敬仰的学术恩师缪荃孙的政治态度就可了然。缪荃孙是晚清相当保守，不赞成变更祖宗法度的代表人物之一，清朝灭亡、民国建立时，他曾如丧考妣地写道：“皇帝逊位于民国，南北合同，国破家亡，生不如死。”[①]柳诒徵在这样一位恩师手下编写《历代史略》，对变法采取保守的立场是不足为奇的。

柳诒徵保守的历史倾向的另一方面，是不合时宜地对儒家圣贤孔子、孟子一味地加以推崇，及对封建纲常名教的强调。

尊孔崇圣本是为封建帝王“弘我王化”服务的。那位生前未曾真正走过运、垂老温温无所试而死后被推崇为仪范百王和师表万世的至圣先师的孔子，在中国思想文化发展史上固然有着无法被取代的独特地位，但就政治而言，历代封建帝王对他的尊奉，其目的只是为了塑造一座精神的偶像，给封建专制主义制造神圣的精神气象，让人们形成对儒家圣贤崇拜的文化心理定势，顺顺当当地服从于现存的封建秩序。而封建纲常名教则是封建统治者从孔、孟思想的茧子中剥去其民主性的精华，抽取其有利于维系道统、治统的丝纱所编织成的一张束缚人心的大网。圣贤崇拜和封建纲常名教互补互助，以它权威主义的品性，在两千多年的封建社会中，扼杀了一切叛逆的企图，成为匡济时艰、收拾人心的最好药方。所以，晚清时期，当清政府的封建统治在民主、共和的浪潮冲击下摇摇欲坠时，更是紧紧抓住圣贤崇拜和封建纲常名教不放，即使同意开办新式学校，反复强调的也只是“以四书五经、纲常大义为主”。

柳诒徵是深受儒家思想影响的学者，他心中一直充满对孔、孟的崇敬情感，只不过，随着时代的进步和思想认识的提高，以后他对孔孟思想有着更深刻的理解，而此时只是不加分辨地表示虔诚。这种虔诚，又恰恰与清政府规定的“以四书五经、纲常大义为主”的教育方针合拍。

① 缪荃孙：《艺风老人年谱》。

柳诒徵在《历代史略》中以饱含崇敬的笔触对孔子尊王、修身的仁德，对孟子教民养民的理想进行了弘扬，他写道：

> 孔子博学而多能，诗书六艺无所不通，而一约之以礼。远宗尧舜，近法文武，论学论政必从周代，以示尊王之义，其言行务为中庸，不尚隐怪；论治国必本之修身，修身必本之伦常；以仁为众德之宗，以克己复礼为仁之道，性命天道盖罕言之。尝自明所学曰，“述而不作，信而好古”，盖孔子于上古圣人之教皆笃好而深信之，故孟子以孔子为能集群圣之大成。
>
> 孟子之学，兼通五经，尤长于诗书，自明所愿学者，惟孔子尊仁义，黜功利，述国家井田、世禄、学校之制，拳拳以教民养民为念。

柳诒徵在对孔、孟圣贤恭诚致礼的同时，还极力捍卫名教纲常。他猛烈抨击历史上一切违背名教纲常的现象，如他总结五代之乱时，愤然而不无慨叹地写道：

> 四海浊乱，人不复知节义为何物，观冯道一传，可以概见当时士风也……若夫反而事敌，则既为士夫常事，世莫讶之者，甚至以此无耻之人，而以德量见推，名教之废，至是而极矣！

晚清之际，中国社会性质发生了重大变化，有勇气的革新派人士，为了推动社会的进步，向孔孟圣贤和封建纲常名教发动了大胆的挑战。严复就对儒家传统思想体系作了彻底的否定，他毫不含糊地断言：“教不可保，而亦不必保。”他大声疾呼，要改变由于圣贤崇拜和纲常名教所造成的思想愚昧、僵化。他说：

> 今吾国之所最患者，非愚乎？非贫乎？非弱乎？则径而言之，凡事之可以愈此愚，疗此贫，起此弱者皆可为。而三者之中，尤以愈愚为最急。何则？所以使吾日由贫弱之道而不自知者，徒以愚耳。继自今，凡可以愈愚

者，将竭力尽气、皲手茧足以求之，惟求之为得，不暇问其中若西也，不必计其新若故也。有一道于此，致吾于愚矣，且由愚而得贫弱，虽出于父祖之亲，君师之严，犹将弃之，等而下焉者无论已；有一道于此，足以愈愚矣，且由是疗贫起弱焉，虽出于夷狄禽兽，犹将师之，等而上焉者无论已。[1]

严复所说，不无偏激，但它毕竟顺应了时代潮流，相形之下，柳诒徵对孔孟圣贤的极力推崇，对纲常名教的极力维护，就显得落后、保守。

在中国封建社会中，一切具有封建正统思想的文人学士总是贬低人民大众的历史作用，对于反抗封建官府的人民起义，更是抱着敌视的态度，认为是犯上作乱、大逆不道。柳诒徵在撰写《历代史略》时，也没有能跳出封建正统思想的窠臼，对圣人贤士超乎寻常的历史作用大加歌颂，对人民群众的创造则漠然处之，对农民起义则表示不满。

柳诒徵在《历代史略》中多次提出圣人制作，却很少提及普通民众的发明创造，对中国历史上不绝如缕的农民起义采用淡化的技巧，不多作交代，即使偶有叙及，也总是用上“盗”、“贼”等字眼，如写到隋末，“河北多盗，漳南窦建德最大”，“十二年，群盗翟让等起于河南”，明确表示了反对农民起义，维护封建统治秩序的立场。

上述种种历史倾向，说明柳诒徵的《历代史略》带有一层相当保守的色彩。不过，应该慎重申言的是：我们决不能以形而上学的观点去看待这种保守，非逻辑地将保守与反动画上等号，也决不能以固定的眼光来看待柳诒徵，将现时的柳诒徵与未来的柳诒徵画上等号，用现时柳诒徵的思想认识来概论柳诒徵的一生。我们应该认识到：任何学术著作都是一定历史条件下，一定文化氛围内的产物。当我们检讨柳诒徵在《历代史略》中所表现的历史倾向时，必须考虑到当时的社会条件，当时普遍的社会心理，以及他

---

① 严复：《与〈外交报〉主人书》，载《严复集》第3册，第560页。

生活的文化氛围。

实事求是而论，柳诒徵撰写《历代史略》时，还只有22岁，历史观还不成熟，在封建正统思想占统治地位的社会背景之下，作为一个长期接受封建思想灌输的文人，他也只能像大多数文人学士一样，沿着前辈指点的思想轨迹前进，在传统的思维框架中活动。而且，在清政府对教材编写内容作出明确规定的具体条件下，他也只能按照清政府的要求行事。要求他像少数较多接受了西方文化，敢于冲决封建思想牢笼的先进知识分子那样去写《历代史略》，是不切实际的苛求，也不是历史唯物主义的态度。

2.3 西方文化的影响

柳诒徵生活的时代毕竟与以往不同，在西洋人用坚船利炮打开锈迹斑斑的古老中国的大门之后，西方文化也就涌了进来，它就像中国传统封建文化结构中的新生物，顽强地扎根生长，逐渐蚕食着旧有的地盘。清政府推行的“新政”，各地翻译西方书籍的热潮，更促成了西方文化的传播，也使大多数世代居住在这东方神州，不知世界方圆，凭主观想象将西方文化视为洪水猛兽的中国人有了切实了解西方文化的机会。

柳诒徵进的是编译书局，当然是近水楼台，免不了要受到西方文化的影响；他编的是为取法西方教育制度而建立的新式学校服务的教科书，自然需要主动地去对西方文化作一些了解。1902年，他到日本考察教育，虽然只有两个月时间，却使他对外国状况有了一次直接的亲身感受，增强了他的世界意识，加强了他对西方文化的了解。因此，在他编写的以封建正统思想为基调的《历代史略》中，就多少打上了一些西方文化的印迹。

中国传统儒家文化认为三皇、五帝乃是实实在在存在过的圣人，是儒家古帝王理想化体系的源头，是中华民族绵延发祥的根，其真实性是不容置疑的。以“究天人之际，通古今之变，成一家之言”自命的司马迁作纪传体的《史记》，追叙中国的历史，就是从三皇、五帝落笔的。然而，西方近代地质学和考古学的发展，以及进化论的出现，已使西方人在历史发展领域中普遍意识到：上古圣人只是人类幼年时的童话，是人们在不发达状况下对社会发展的一种神话般的归结。西方的这种历史进化观点传入中国以后，逐渐为一些进步的文人学士所接受，康有为便通过《万国公报》、《西国近事汇编》等书刊认识到："生物始于苔，动物始于介类"，"人类之生，不能过五千年"。[1]

柳诒徵在《历代史略》中有限地接受了西方的历史进化观点，对中国历史体系中的三皇、五帝提出了新的解释。他说：

> 所谓天皇、地皇、人皇者，非必实有其人，后人徒设其名，以表三才开始之序也。
>
> 旧史记太皞、炎帝、黄帝之事，颇多荒诞，然创制之功，实自三帝时。

虽然，柳诒徵在讨论三皇、五帝时，并没有否认太皞、炎帝、黄帝等"三帝"的圣人地位，但他毕竟明确否定了三皇的存在，并将"三帝"从荒诞不经的神的地位回复到创造生民利用之具的人的地位。这就不能不说，他已在西方文化的推动下，从封建史家的立场上艰难地向前挪动了一步。

在中国传统儒家文化中，与三皇、五帝的真实存在同样具有重要意义的是唐虞之世中国疆域的发展。长期以来，中国的封建史家写到唐虞之世，总要津津乐道于所谓侯服、甸服等五服之制，不厌其烦地解释一番，以强调中国早已统领万区，声教远被；普天之下，莫不来朝。基于这种夸大的历史盛况，儒学家们找到了足以陶醉天朝大国的依据。"古已有之"是中国传统思维方式之一，华夏文明的伟大，源于上古，夷蛮小丑，其奈我何！这种上古之世中国包统天下的观念，经过封建史学家们的反复宣传，早已深入人心，成为人们不可动摇的心理定势。

然而，西方文化的传入，使这种虚幻的历史盛况受到了冲击。西洋人的

① 《南海康先生口说·学术源流》，广州中山图书馆藏抄本。

地理大发现，以及历史进化理论已经说明，人类社会是逐渐发展的，一个国家的统治疆域也是逐步扩大的。中国绝非世界的中心，中国的发展也只能是从部落向国家，从小国向大国的演进。

柳诒徵的思想并不僵化，他经过审慎的思考，认识到这种历史进化观点的正确性。在《历代史略》中，他欣然采用了这种历史进化观点来叙述唐虞、夏、商之世的中国发展。较为实际地规范了当时的统治范围，并批评了旧史说法的不可信。他说：

> 然唐虞时，声教所及，仅四千余里，万区之说，无可指证。
>
> 唐虞之世，中国广袤不满三千里，九州城内，夷狄居其大半。虽曰声教所及，莫不事王，其陋俗而性犷者，未化也。周建两都，王畿跨三州，河、济、淮，汉之滨，皆列置侯国，通道于九夷、百蛮，使各以其方贿来贡，诸夏之盛，轶于前代矣。然而，戎狄之杂居冀、雍，蛮夷之盘踞江淮者，犹未变于华，华夷之疆界，与虞夏无大异也。

这里，柳诒徵虽然仍充分肯定唐虞之世的所谓“声教”，但是，他已将这种“声教”的魔力限定在一定范围之内，不再像旧式史家那样盲目地鼓吹唐虞三代，将唐虞三代美化成德泽万国的大国盛世。柳诒徵从现实生活中反思历史，在严峻的现实面前打破了人为的历史的幻镜，这说明，在西方文化的凉风吹拂下，他的头脑已较为清醒。

柳诒徵编写《历代史略》时，中国人已对西方的强大有了普遍的认识。无论是主张“师夷之长技以制夷”，还是叫嚷要“全盘西化”，都必须要对西方的社会面貌、历史沿革、风俗民情、生活状况有所了解。

本来，在中国人头脑中，“老子天下第一”的思想是根深蒂固的。几千年来，封建史学家撰写史书，从来都是抱着鄙夷的态度，把外国人说成是朝贡天朝大国的蛮夷，用一章“四夷传”来草草交代的。鸦片战争的失败，使一些中国人有所醒悟，他们感到再也不能坐井观天，无视天下之大了，于是，他们极力主张“开眼看世界”，提倡了解外国状况。

柳诒徵是赞同“开眼看世界”的，他在与西方文化接触中，注意了解外国的地理、历史，因而具备了世界意识。正是在这种世界意识的支配下，他在撰写《历代史略》时，走出了封建史学传统的羁绊，不再视外国为贡奉方物的蛮夷，略而不论，转而以相当大的篇幅介绍了外国。

柳诒徵在《历代史略》的第三卷第七篇、第五卷第四篇、第六卷第八篇中，分别以“外国事略”、“西北诸国事略”、“东南诸国事略”为题，分别详细叙述了突厥、回纥、朝鲜、日本、巴哈台、货勒自弥、俄罗斯等国的地理、历史状况，如介绍朝鲜：

> 国于亚洲最东者曰朝鲜，其国三面界海，惟西北与我盛京、吉林二省相连，中分八道，曰：京畿、忠清、全罗、庆尚、江原、黄海、平源、咸镜。王京在京畿道之北，南带汉江，名曰“汉陌”。自上古至唐，全国屡经分割，大抵以汉江为区划，汉江以北，古朝鲜、高丽所国也；汉江以南，古三韩、新罗、百济所国也。新罗尝统一朝鲜之地，后来归后高丽。

像这样详明而又准确地对外国状况进行介绍，是封建史家从未做过的。

除了开辟专章介绍外国状况，柳诒徵还从世界史的角度，运用现代地理概念来解说中国古代史事。如谈到东汉甘英出使大秦，他在介绍当时罗马的统治区域后，指出甘英并未到达今天的欧洲。

> 当汉之世，罗马统一欧罗巴，南并亚非利加北土，东并小亚细亚及叙利亚，与帕提亚接界，幅员、民众与汉相若，汉人传谓其人长大平正，有类中国，古史称为大秦。其国距汉甚远，未尝交通，甘英之西也，亦唯达于东部耳，未入欧罗巴地也。史称英抵条支临大海不渡而还。条支者，谓叙利亚；大海者，谓地中海也。希腊、罗马旧书云：东方有大国，各设利亚，美锦产焉，此指汉土也。

这样的叙述就摆脱了旧史的局限，使人们能够从当时世界的角度来重新认识中国的历史，从而引导人们加深对近代世界的认识。

柳诒徵对外国状况的介绍，以及从世界角度反观中国史的做法，无疑使他的《历代史略》具有了一种新的文化特色。这种新的文化特色反映了时代的变迁，也反映了西方文化在中国日益扩大的影响，更反映了在西方文化影响下柳诒徵历史认识的进步。

柳诒徵思想的基本倾向是保守的，但他在历史变革的风潮中，确曾读过一些西方的书籍，并没有像顽固的守旧派，一看到外国书就闭目摇头，生怕"洋鬼子"会从书中钻出来，吞噬他的大脑，迷乱他的灵魂。这一点，我们从《历代史略》中可以得到证实。他在谈到明代交通及历算西学时，说：

> 明代所传西人之书，自历算外，有艾儒略之《职方外纪》、熊三拔之《泰西新法》、邓玉函之《奇器图说》，当时颇骇其言为不经，至近世始信之。又艾儒略尝作《西学》一卷，言其国建学育才之法，凡分六科：勒铎理加者，文科也；斐录所费亚者，理科也；默第济纳者，医科也；勒义斯者，法科也；加诺搦斯者，教科也；陡录日亚者，道科也。盖欧洲之重学校，所从来远矣。

元、明两卷为柳诒徵独创，如果说，此前有关外国状况的解说还有可能是据那珂通世的原文改写，那么，此节就只能是据他了解所作，而关于艾儒略《西学》的如此介绍，如没有读过此书，则是不可能的。

2.4　现代历史教科书的范本

柳诒徵《历代史略》在中国近代史学发展中的贡献，并不在于他的史学思想，也不在于全书的文化特色，而在于他所采取的编纂形式，在于他按照新式教育的要求对编纂内容的安排，在于他对中国历史编纂学的推动。

中国历代史书汗牛充栋、丰富多彩，不过，以史书体裁而言，主要有纪

传体、编年体、纪事本末体三大类。纪传体史书历来被认为是史书的正宗，但它并非头生子，只是到了汉代方才问世。汉代那位因出言不慎触怒了帝王而遭受腐刑的司马迁，才思独运，兼通古体，“并‘编年’、‘纪事’、‘纪言’、‘分国’诸体于一书，别而裁之，融而化之，使其相互为用，彼此相衔，以各家之长，济各家之短，而又益之以表历，总之以书志”[①]，卓然自成为一种新的历史体裁。由于它将一代君臣政事、贤否得失总汇于一编，而且，以帝王“本纪”为主干，突出了帝王的中心地位，所以备受官府青睐，被奉为历代官修史书的圭臬。编年体为中国史书体裁的老牌，孔夫子编修而后被儒学家们抬上经学正殿的《春秋》，就是编年体。编年体“以事系日，以日系月，以月系时，以时系年”，将史事和时间紧密结合，既交代了史事，又给人以明确的时间概念，使人们容易明了史事发生和发展的时代背景，及其因果关系，所以根脉相传，前后相续，千年不废。纪事本末体问世较晚，南宋时在严州当教授的袁枢，苦于《资治通鉴》浩博，自出新意，抄书改编，才创下这种“文省于纪传、事豁于编年”的新的史书体裁。而这种新的史书体裁，立即引起史学家的重视，仿效之作不绝，从而蔚为大观，跻身史书大国之林，使中国史书体裁出现三足鼎立之势。

上述三种史书体裁，各有千秋，但作为新式教科书俱不适用。柳诒徵认为：

> 然迁书起黄帝迄汉武帝，上下三千余年，实通史之例，班、陈而下，断代为史，不能贯串古今，观其会通。
>
> 宋司马光作《通鉴》，袁枢作《纪事本末》、郑樵作《通志》，始足萃诸史之精，酌因革之道。然三书卷册浩繁，未易卒读，后之续者或几倍之，盖专门之学，非教科之用。[②]

为了使初学者能够通晓历代，把握史事发展大要，柳诒徵反复思考，决定

① 翦伯赞：《论刘知几的史学》。
② 柳诒徵：《历代史略·总论》。

“本《通鉴》、《通志》之意，仿纪事本末之体，略采正史，析其条理，以为历史初级”[1]。

柳诒徵所谓“本《通鉴》、《通志》之意，仿纪事本末之体”，即是以时间先后为顺序，以历史事件为本位，分卷、分篇、分章叙述。这种体裁实际上就是近代西方盛行的章节体。

近代以来，西方科学技术迅速发展，历史编纂方法随之进步。西方资产阶级史学家在形式逻辑归纳法的启发下，改造了传统的叙述体，创造了具有严整篇、卷、章、节的章节体裁。这种体裁既综合通贯，又分门别类，更适于表现历史发展过程中纵横交替的因果关系，比旧体裁的史书容量大，系统性强，便于人们学习，因此，成为近代西方史书编纂的主要形式。

西方创行的章节体，在中国国门打开以后，随着西方文化涌入了中国。当时，不少以章节体编写的史书被翻译成中文出版，柳诒徵编写《历代史略》作为蓝本的日本人那珂通世所著的《支那通史》就是其中的一种。不过，我们不能因此推论，柳诒徵编纂《历代史略》时，只是简单套用了《支那通史》的编写体裁。因为，从他在《历代史略·总论》中所提的看法，以及全书章、节内容的安排，可以看出，他确曾对中国传统史书体裁进行过详细的分析、研究，是在得出自己结论的基础上，按照自己的认识编写的。而且，他所仿效的“纪事本末体”，本就与西方因事命篇，分篇综论的章节体颇为相似，近代著名学者梁启超就认为：纪事本末体“于吾侪之理想的新史最为接近，抑亦旧史界进化之极轨也”[2]。因此，如果说，柳诒徵借用了西方章节体，不如说，柳诒徵在西方章节体的影响下，借鉴了中国传统史书体裁，按照自己的思路，进行了新的创造。

形式为内容开辟了道路。由于柳诒徵编写《历代史略》采用了新的体裁，就使全书内容编排更加合理，汇千年史事于一炉，通而简，要而明，脉络清晰，因果分明，便于初学者使用。

---

① 柳诒徵：《历代史略·总论》。
② 梁启超：《中国历史研究法》。

柳诒徵“本《通志》之意”，别有深意。

《通志》为宋代史学家郑樵所著。郑樵，字渔仲，生于宋徽宗崇宁二年（1103年），卒于宋高宗绍兴三十一年（1161年），兴化军莆田（今福建莆田）人。他平生好学，有感于纪传断代为史，缺乏会通；而且，百代宪章难明，决心尽平生精力探求六经奥旨，贯通百家学术，“建天下之书为一书”，写成一部会通古今的通史。于是，他隐居福建莆田夹祭山，谢绝人事，刻苦研读，以数十年心血，终于写就了一部计二百卷，包括本纪、世家、列传、载记、四夷、年谱、世谱、二十略等在内的皇皇巨著。这部历史巨著，其中本纪、列传等虽为抄摘诸史原文，无所新意，但礼、职官、选举、刑法、食货、氏族、六书、七音、天文、地理、都邑、谥、器服、乐、艺文、校雠、图谱、金石、灾祥、昆虫草木等二十略，却会通百世，“总天下之大学术而条其纲目”[1]，成为记载历代学术思想、科技发展、社会生活、典章制度的专史，在中国历史编纂学史上取得了重要地位。诚如梁启超所说：“然仅《二十略》，固目足以不朽，史界之有樵，若光芒竟天之一彗星焉。”[2]

郑樵倡导的“会通”原则，及注重历代学术思想、科技发展、社会生活、典章制度的精神，为近人史学发展所急需。因为，中国旧史过分注重为封建帝王提供治政经验，以致被近人批评，“统而言之，则一历朝之专制政治史耳”[3]。而近代社会的发展和西方近代史学的刺激，都要求改变这种以维护君权为目的的“君史”，去创作以反映民族文化精髓和体现社会风貌为宗旨的“民史”。

柳诒徵心有灵犀，在时代变迁中，看中了《通志》。他本着《通志》“会通”原则，及注重学术思想、典章制度的精神，在《历代史略》中辟出专篇，写了“礼俗及文字”、“教育与学派”、“制度略”、“文学、宗教”、“制度之沿革”等，较为详细地叙述了中国历代学术思想和典章制度的发展。

柳诒徵学术功底扎实，尽管中国古代学术思想和典章制度纷繁复杂，

---

① 郑樵：《通志·总序》。

② 梁启超：《中国历史研究法》。

③ 邓实：《史学通论》，见《政艺通报》1902年，第12、13号。

不易总结条贯，但他能随意化裁，治棼如丝，所述历代学术思想发展和典章制度状况，大体做到了言简意赅，源流清晰，融会贯通，并能把握变化关节，突出要点。如，总结先秦至唐诗文发展状况：

> 大抵先秦诸子著书，各欲立言传道，无意于文，而文自美。西汉尚文辞，极其雄丽，文遂为学者之一艺，自是以来，名贤不必皆能文，文士不必皆达于道，道与文歧而为二。东汉以降，曹、陶最为词宗，至徐、庾而绮靡极矣。唐兴，王、杨、沈、宋鸣于时，虽盛且美，而不雅正。陈子昂唱古诗，而李、杜成之；元结唱古文，而韩、柳成之。韩、柳没后，少能继其高风者。诗则作者继踵，至唐亡不绝，故后世论诗，以唐为最盛，而杜诗、韩文巍然冠绝一代矣。

只用了寥寥数百字，竟将历代文学特点、名家功绩、源流变化，交代得明白晓畅，次第清晰，一目了然。

又如，叙述古代交子之制：

> 初，唐元和钱少，商贾至京师，委钱诸路进奏院，及诸军，使富家以赶装趋四方，合券取之，号"飞钱"。太祖仿其故事，许民入钱左藏库，于诸州便换，置便钱务作券以给之。又，蜀富人患铁钱重，私作券以便贸易，每以三年为界而收之，谓之"交子"。后赀里不能偿，争讼数起，转运使薛田请置交子务提衡之，禁民私造。至崇宁间，陕西、河东、京东西、淮南亦皆行交子。交子又名钱，引义与茶、盐钞引同。暂以代钱，故必积钱为本，乃可通行。大观中不蓄本而增发，如壅而不通，至引一缗值十余钱。

文字不多，但将中国货币史上极为重要的交子来源，及发展转归，俱阐述得一清二楚，读者无须深究，就可明其大略。

青出于蓝而胜于蓝。柳诒徵有关历代学术发展和典章制度的叙述，虽本于郑樵《通志》，但其考镜源流，辨章学术，俱超过了郑樵《通志》。而且，它因时代而叙述，据发展转归而总结，既独立成篇，又与其他各章、节融为一体，互为发明；既便于执教者专题讲解，又便于初学者领会掌握，成为《历代史略》在内容编排上的一大特色。

柳诒徵《历代史略》在内容编排上的另一大特色，是其往往在重要章节后插入一段评论，表明自己对史事得失的见解。

中国旧史素有“赞”、“评”、“论”、“议”、“曰”的传统，以在保持史事完整的基础上，及时归结史事主旨，阐明史家观点，提供读者思考。柳诒徵《历代史略》“仿纪事本末之体”，以历史事件为本位，本可按史事集中叙述，讲清原委即可，但他不忘中国旧史的优良传统，在重要史事之后，常常附上一段总结性的评论，提供自己的看法，以启发后学。

柳诒徵分析能力甚强，所发评论，每每切中肯綮、相当精彩。如他在讲述三国分裂时，评议道：

> 关东诸将本以讨董卓起，已而各图自立，互相攻阋，终皆为曹操所并，唯孙、刘二氏犹存，汉土分为三国。是时承东汉尚气节之余风，人才甚盛。三国之主，各能用人，操则以权术相驭，权则以意气相盛，备则以诚待人，众士仰慕。惟备有地最晚，人才已为魏、吴收尽，故得人较少。然诸葛亮才器绝世，备独得之，由是能与二国并立，成鼎足之势。

能否用人，确是三国能否立国的要害，柳诒徵这段评议，可谓一言中的。

中国旧史史家评论，标以“赞”、“议”等，虽可使史事记载与议论分明，不致以己见害事，但它毕竟上下脱节，不适宜为教科书所采用。柳诒徵深知其利弊，因而他摒弃了旧史标示史家有“赞”、“议”的做法，将议论与史事叙述有机地结合起来。柳诒徵的这种做法，既体现了历史教育在潜移默化中培养博通时务的人才要求，又符合了现代历史教科书“史论结合”的编纂标准。

中国历史源远流长，朝代更迭频繁，分封立国众多，学术流派纷呈，典章制度繁杂，如何在不多的篇幅中，简略而又有系统地理清始末，讲清原委，使学生易学易记，是编写新式历史教科书所面临的一大难题。

柳诒徵遇难而上，巧思独运，借鉴了中国旧史列表旁行斜上，网络史事的方法，在《历代史略》中独创性地编制了适合教学使用的“历代兴亡禅代图”、“五代列国世系”、“宋儒传授图”、“宋、辽、金职官沿革表”、“宋百官品秩表”、“文庙从配沿革表”、“元明官制沿革表”、“明儒传授表”，以及各国世系、诸帝在位年数等图表，附入各有关章节之后。在各图、表中，他还根据需要创用了许多符号，条理线索，并附上数言，点明关节。如，他在“历代兴亡禅代图”中，根据中央一统，割据列国、兼并离叛等不同情况，创用了“回”、“□”、“O”、“……”、“━━”、“——”、“══”等符号，说明：

> 一统之朝用重方围“回”，偏官之朝及割据之大国用方围“□”，割据小国用“O”，禅让篡夺用“……”，克胜兼并用大线“━━”，分裂离叛用细线“——”，继统及改号用复线“══”

又如，在“元、明职官沿革表”中，他根据元、明官制变化，将元代太后、中宫职官附列篇后，将明代南京官属分隶诸司之下，并以简言说明如此列表的理由：

> 元、明官制互有异同，元代太后、中宫官属最多，明则阙而不置，而永乐以后，两京并置百官，亦为元之所无。兹以元之太后、中宫官属附著篇后，而明之南京官属则分隶于诸司之下，以便学者讨究。

柳诒徵所创制的这些图表，简略扼要，源流分明，很好地解决了以较少的文字、较少的篇幅来表述量大而复杂的历史问题的难题。它便于学生把握历史线索，便于学生课后复习，便于学生总结，还可充作历史工具书，供学生不时检用。

清代末年历史教学的发展，是中国传统史学走向近代化的契机。在这历史发展的转折关头，柳诒徵的《历代史略》以其新颖的体裁，别具特色的内容编排，以及创制的各种便于学习、复习、总结的图表，为后人编写新式历史教科书提供了借鉴，推动了历史教学的开展，也促进了中国历史编纂学的演进。

柳诒徵的《历代史略》是近代中国人编写最早、最为完善的历史教科书，在其后不久问世的一些教科书，即使见解较为新颖，体例有所创新，在社会上较有影响，但就全、通而言，都尚未及《历代史略》之堂奥。如1905年至1906年，由国学保存会出版的著名学者刘师培编写的《中国历史教科书》，虽然繁简适当，对社会生活各个方面的进化发展较多注重，并“于征引中国典籍外，复参考西籍兼及宗教社会之书，庶人群进化之理可以稍明”[①]，但全书仅迄西周末。而1904年至1906年，商务印书馆出版的被梁启超称为“对于中国历史有崭新的见解，尤其是古代史”[②]的浙江人夏曾佑编写的《最新中学中国历史教科书》，虽以历史进化论为指导，内容编排颇多创新，被严复认为是“旷世之作”，但也仅写至隋以前，顶多只能算半部通史。这两部紧追《历代史略》之后的历史教科书，至少在全、通方面都未能超过先行者，《历代史略》的先驱之功，概可知晓。

柳诒徵《历代史略》的编写形式，开创了中国新式历史教科书编写的未来，诚如当代著名历史学家张舜徽先生所说：

> 从清末传到现在，除写作上由文言变为语体，观点上由旧变新外，大体上还是保存了这种编写形式，柳诒徵开创之功，是不可磨灭的。[③]

① 刘师培：《中国历史教科书·凡例》。
② 梁启超：《亡友夏穗卿先生》，载《饮冰室文集》第十五册。
③ 转引自卞孝萱：《柳诒徵与〈中国文化史〉》，载《柳翼谋先生纪念文集》。

第3章 理性的探求——历史考证

柳诒徵的学术贡献虽然主要集中在几部出名的专著，但他一生所撰写的许多历史考论文章，却在似乎零碎、无序的论述中，透露出他治史的一贯精神，反映了他对历史问题的广泛关注，及精湛的治史艺术。

3.1 疑古辩难

20世纪初，中国历史学界曾掀起一场既轰动一时而又影响久远的轩然大波，这就是疑古与信古的论战。

1911年，中国资产阶级领导的反清革命取得了最后胜利，清政府被迫宣布退出历史舞台，延续千年的封建主义的政权枷锁终于被觉醒的人民砸碎。然而，政治的解放并不意味着精神的解放，在思想领域中，封建文化仍然借助于“传统”这一巨大而无形的力量，继续顽强地影响着人们。民国建立不久，窃国大盗袁世凯竟冒天下之大不韪，公然上演了一出黄袍加身的闹剧；“辫帅”张勋又率军入京，将退位的宣统皇帝重新捧上金銮宝座，演了一场复辟的丑剧。一时间，封建文化借尸还魂，一批封建政权的遗老遗少，抱着对所谓世风日下的感叹和重振封建秩序的企盼，高弹起复古主义的论调，同时，祭起儒家圣贤孔夫子的亡灵，打着“礼教会”、“保教会”的旗号，名义上宣传尊孔读经，实际上为封建主义复活鸣锣开道。

封建文化的罗网成为资产阶级思想文化形态建设的巨大障碍，为了不让死的拖住活的，以陈独秀、李大钊、胡适、钱玄同等人为主体的新文化团体，以《新青年》杂志为阵地，极力倡导科学与民主，反对封建主义的旧文化，号召人们“冲决过去历史的罗网，破坏陈腐学说的囹圄”[①]，发动了新文化运动。

1919年，北京有正义感的青年学生开展了声势浩大的反对帝国主义，要求惩办亲日派卖国贼的五四爱国运动，揭开了中国新民主主义革命的序幕。新文化运动，也在新民主主义革命的推助下，迅速发展到全国，汇集成全国规模的反对旧思想、旧道德、旧文化的文化革命的洪流。

在伟大文化革命的洪流中，“人们对于一切旧事物都将持了怀疑的态度，要求批判接受”，于是，在历史学界出现了疑古思潮。

疑古史学思潮的推动者是新文化运动的策源地——北京大学毕业的顾颉刚先生。1923年，他在胡适主编的《读书杂志》上发表了《与钱玄同先生论古史书》，对中国古史提出了大胆的怀疑，认为传说中的中国古史，完全是后人一代代垒造起来的，并非客观真实的历史。他并且从研究这些传说的经历出发，根据东汉许慎的《说文解字》，怀疑以治水闻名的禹，可能是九鼎上所铸的一种似虫的动物。他说：

> 禹，《说文》云：“虫也，从，象形。”内，《说文》云：“兽足蹂地也。”以虫而有足蹂地，大约是蜥蜴之类。我以为，禹或是九鼎上铸的一种动物。当时铸鼎象物，奇怪的形状一定很多，禹是鼎上动物的最有力者；或者有敷土的样子，所以就算他是开天辟地的人。流传到后来，就成了真的人王了。[②]

顾颉刚“层累地造成的中国古史”的观点，尤其是有关禹可能是九鼎上所铸的一条虫的看法，在史学界引起了极大的震动，钱玄同、傅斯年、周予同等一批对中国古史本有怀疑的学者群起呼应。他们共同发扬深彻猛烈

① 李大钊：《青春》，见《新青年》1916年9月，第2卷第1号。

② 顾颉刚：《与钱玄同先生论古史书》，载《古史辨》第1册，中编。

的疑古精神，以“辨伪”、“考信”为职责，系统考辨中国古史，以求“从圣道王功的空气中夺出真正的古籍”，揭穿传统的“靠不住的上古史”的真面目，从而在历史学界形成了颇有影响的古史辨派。

其实，我国早就有疑古传统。自汉代王充、马融始，至唐、宋时的刘知几、郑樵、朱熹、王应麟，明代的宋濂、胡应麟等，都曾对中国古史、古书提出过怀疑，并有所考辨。清代的姚际恒更写了《古今伪书考》、阎若璩写了《古文尚书疏证》、崔述写了《考信录》，将疑古辨伪推向了新的高峰。只不过，顾颉刚等人推动的疑古思潮，多少受到近代西方文化的影响，在新的历史条件下，具有了新的精神和深刻的政治含意。

柳诒徵在疑古思潮风发泉涌之时，对疑古派治学的方法和某些偏激的结论表示了怀疑，并率直地提出了责难。

1921年，柳诒徵在《史地学报》第1卷第1期发表了一篇题为《论近人治诸子学之失》的文章，对章太炎、梁启超、胡适等人诋毁孔子，崇拜墨子，及九流不出于王官等议论提出了批评，认为他们治学偏颇，没能客观地评价先秦诸子，把握先秦诸子的内在精神。

1924年，柳诒徵又在《史地学报》第3卷第1期上发表了《论以〈说文〉证史必先知〈说文〉之谊例》一文，对顾颉刚有关禹可能是九鼎上所铸的虫的看法提出了尖锐的责难。

他在文章中首先认为，研究中国古史，不可专信文字，即使要从文字证史，也应当通晓造字的通例，不可据单字只例，妄下结论。他说：

> 顾研究古代文字，虽亦考史之一途术，要当以史为本，不可专信文字，转举古今共信之史籍，一概抹杀。即以文字言，亦宜求造字之通例。《说文》之通例，虽第举一字，必征之他文皆合，此清代经师治诸经、治小学之法也。不明乎此，第就单字只谊，矜为创获，甚少不为通人所笑矣。

接着，他引录《说文》原句，证明《说文》曾多次指明禹为人，并非虫。由此，他议论道：

> 假使许君知禹非人，不当仍沿旧说。胡许君既知禹为虫，复引禹之事实。初不自病矛盾，而千数百年读《说文》者，从未致疑及此，独某君始具明眼，发前人所未发乎？

随后，他举出《说文》，“有形谊者释谊，无形谊者引史”，“字之形谊可解者，不引古人作证”，“必其字之罕见，而又无谊可解者，始举人物为证”等谊例，说明不应怀疑上古无姒姓。在文章的结尾，他以不无讥刺的语气说道：

> 今之学者，欲从文字研究古史，盍先熟读许书，潜心于清儒著述，然后再议疑古乎？

柳诒徵对顾颉刚的责难，犹如一石落水，在古史辨派方面引起不少反响。顾颉刚先生随后就写了《答柳翼谋先生》一文[①]，说明“我的辩论古史的主要观点，在于传说的经历”，而有关禹可能是九鼎上铸的虫的看法，“仅是一种假设而已，我决不愿把它作为确实的证据”，认为两个人的意见分析，“是精神上的不一致，是无可奈何的”。紧跟顾颉刚其后，钱玄同先生又写了《论〈说文〉及〈壁中古文经〉》，容庚先生又写了《论〈说文〉谊例代顾颉刚先生答柳翼谋先生》，表示不同意柳诒徵的观点，并对他的责难提出了反批评。柳诒徵不愿过多地引起学术界的是非，遂不再撰稿发言。

柳诒徵提笔投枪，参与疑古论争，尤其对顾颉刚有关禹有可能是九鼎上所铸的虫的责难，是近代学术史上的一大公案。近几十年来，对这一公案的推断，使柳诒徵备受非难。然而，这些非难未尽公允。因此，当进入一

---

① 原载北大研究所《国学周刊》十五、十六合期，见《古史辨》第1册，下编。

个新的历史时期时，有必要重新对簿公堂，秉公了断。

毋庸置疑，近代疑古史学思潮在破除迷信、解放思想方面起到了振聋发聩的作用。它猛烈冲击了封建复古主义，从而把资产阶级史学推进到一个更高的发展层次，为中国史学走向现代化开辟了道路。古史辨派宣称的，“要把宗教性的封建经典——‘经’整理好了，送进封建博物院，剥除它的尊严，然后旧思想不能再在新时代里延续下来”[①]。这对于打破封建传统思想的束缚，具有现实的积极意义。

然而，矫枉往往过正。部分疑古派人鼓吹的“宁疑古而失之，不可信古而失之”[②]的信条，就使其在某些具体学术问题研究上走向极端，出现了不顾史实，以疑古为终极的倾向，导致了某些具体结论的失误。真理走过半步就会成为谬误，凡古必疑，走过了头，就会带来民族虚无主义抬头的不良后果。

柳诒徵对凡古必疑是不满的，但他并不一味地反对疑古，他反对的只是盲目的疑古，反对抹杀思维定式中国文明的疑古，反对为疑古而疑古。1935年，他在《讲国学宜先讲史学》的讲演中指出：

> 另外有一种比较有历史兴味的人，知道近来各国的学者很注重历史，有种种的研究方法，因此，将他们的方法来讲中国历史。在现今看来，确也有相当的成绩。但是有一种毛病，以为中国古代的许多书，多半是伪造的，甚至相传有名的人物，可以说没有这个人，都是后来的人附会造作的。此种风气一开，就相率以疑古辨伪，算是讲史学的唯一法门，美其名曰“求真”。不知中国的史书，没有多少神话，比较别国的古代历史完全出于神话的，要可信得多。我们不说中国的史书，比外国的史书是可以算得信史的，反转因为外国人不信他们从前相传的神话，也就将中国的人事疑做一种神话，这不是自己糟蹋自己吗？况且古书不尽是伪造，即使拆穿西洋镜，

---

① 顾颉刚：《当代中国史学》第五章。

② 胡适1921年1月28日致顾颉刚的信，见《古史辨》第1册。

证实他是造谣言，我们得了一种求真的好方法，于社会、国家有何关系。史书上真的事情很多，那种无伪可辨的，我们做什么功夫呢？[1]

这一番话，表明了他对疑古的基本态度，以及当时参加疑古争论的学术动机。

必须指出，在参与疑古论战时，柳诒徵虽然有着强烈的民族主义的隐衷，但他所提出的毕竟只是某些具体的学术问题，提出的只是应如何考证历史、运用史料的方法问题，尤其是有关如何运用《说文》来推断有无夏禹的争论，并没有作任何现实政治的比附或影射。从学术研究的角度看，柳诒徵论证的方法大体是合理的，所提《说文》谊例也基本是正确的。即使受到柳诒徵责难的顾颉刚先生也说，柳诒徵所写的《论以〈说文〉证史必先知〈说文〉之谊例》一文，"很可补王筠的《说文释例》之缺，读之甚佩"[2]。

诚然，柳诒徵没能意识到：这回的论争不仅仅是一个中国古史的真伪问题，也不仅仅是一个牵涉到民族情感的问题，而是一个能否冲决封建主义罗网，建设新的学术文化形态的大问题。没能体会到：疑古派反对封建主义传统观念与偏见的学术勇气，以及勇猛批判封建主义史学的战斗精神。但柳诒徵并没有像一个封建主义的卫道士，从"卫道"的角度来攻击疑古人士，为封建主义的政治僵尸涂脂抹粉，输血打气；也没有出于门户之见，凭个人意气，肆意攻讦个人，而是紧扣着学术问题，进行讨论，抒发己见。正因为如此，受过柳诒徵学术批评的人并没有与他结怨，反而推心相待。章太炎在看到他的《论近人治诸子学之失》一文后，写信给他，声明以前诋毁孔子有误，感谢他的直率批评。以后，两人见面，章太炎又特地在一张扇面上题上"情见强识，过绝于人"八个大字，赠送给他。梁启超到东南大学讲学，也写了一幅"所见者大，独为其难"的对联相送[3]。顾颉刚也欢迎柳诒徵提出的不同学术见解，认为这样的争论有利于学术研究的深入。

① 见《柳诒徵史学论文集》。
② 顾颉刚：《答柳翼谋先生》，载《古史辨》第1册，下编。
③ 柳诒徵：《我的自述》，载《柳翼谋先生纪念文集》。

他在《古史辨·自序》中就恳切地写道：

> 我又非常地感谢刘楚贤（掞藜）、胡堇人、柳翼谋（诒徵）诸先生，他们肯尽情地驳诘我，逼得我愈进愈深，不停歇于浮浅的想象之下就是满足了。

然而，近几十年来，柳诒徵从学术动机出发参与的这场学术论争，却被紧紧地套进了政治的圈套中，由此引发的对柳诒徵的各种非难，主要都是从政治层面考量的。

确实，政治与学术有着密不可分的联系，但是，政治与学术亦有着相对独立的界限。因此，作为一个有理性的历史法官，既不能不考虑政治得失，也决不能凭政治的激情，将政治问题与学术问题混为一谈，合理的做法只能是，从政治、学术两个层面实事求是地加以评判。

就政治层面而言，疑古派在近代政治思想战线上有着破旧创新的巨大贡献，柳诒徵与其进行的学术论争，虽然只是具体的学术问题，却不自觉地为顽固的封建保守派提供了炮弹，因而有着一定的消极影响，不过，我们决不能因为柳诒徵曾就有无夏禹的问题提出过责难，就将他打入反动文人的行列，也决不能因为他所进行的论争，有过一定的消极影响，就忽略其积极的方面。从当时政治情况考虑，疑古风潮高涨之时，民族虚无主义倾向也逐渐抬头，柳诒徵进行的论争，虽不能说直接批判了民族虚无主义，但对于增强民族自尊心，抵制崇洋媚外的奴化思想，总还有着一定的积极意义。

就学术层面而言，柳诒徵进行的疑古辩难，尤其是有关夏禹是否只是九鼎上所铸的虫的争论，只是一个学术问题。从疑古派看来，他们所要研究的只是中国古史传说产生的经历，所要强调的只是历史演进的精神，所要做的只是打破封建主义的思想牢笼，改变传统史学的思维定式，树立分析批判的史学风气，有无夏禹只是“琐屑的枝叶”问题；而在一个对中国传统文化有着深厚情感，以研究中国古史为职责的史学家来说，这个“琐屑的枝叶”问题却是关系到中国上古历史延续的重要学术课题。柳诒徵就此及时提出争论，本无足厚非，而其严谨的学术论争，对于分清学术是非，重建中国古史体系，亦不无裨益。

3.2 史事考录

有清以来，乾嘉时期学究式的考据学成为独尊于世的显学。这种状况并非偶然，清政府借助吴三桂的手入关以后，为了消灭异己，防范汉族文士不满，实行了极度的高压政策，大兴文字狱，吓得文人学士再也不敢谈论时事，关注社会现实，生怕一不小心，触了霉头，搞一个家破人亡；而当海内承平日久，一些文人学士受到笼络，进入官府，有了一副顶戴，以及高房大屋、娇妻美妾，自然也就失去了探讨现实的激情。不过，饱读诗书的文士总要有事可做，于是，清政府着意引导，使他们都钻入故纸堆中。因此，顾炎武倡导的经世致用的宗旨被抛到了脑后，而他所倡导的考证学却日以寖盛，到乾、嘉年间，竟风靡学界。从此，以博古稽古为特征，以整理考订古籍和辨析古代名物典章见长的考据学，成为中国史学的主流。

虽然，乾嘉考据学在校勘、考订、补缺、整理方面获得了巨大成就，并在考史技术上取得了一些进展，然而，它毕竟违背了顾炎武倡导经世实学的初衷，而且抛开社会现实，只顾历史材料，这样就失去了历史学的社会意义。所以，著名学者章学诚就毫不客气地讽刺他们只有“考西陵之蚕桑、讲神农之树艺”的屠龙之技。①

晚清社会的变化，内忧外患的日益加深，使文人学士再也不能安心于学术考据的“象牙之塔”，自然，日益繁琐僵化、严重束缚人们思想的考据史学便受到了激烈的讥评。嘉庆进士，曾主讲江阴暨阳书院，以辑著《皇朝文典》闻名的李兆洛就曾指出：“汉学兴，于是乎以注攻注，以为得计，其实非为解经，为八股耳。一二君子倡之于前，无识者乃藉以取名，或甚以此希取富贵，波流至今日而极，而掇拾愈细，其味愈薄。”②另一位颇为有名的学者沈垚则更为尖刻，说：“乾隆中叶后，士人习气，考证于不必考之地，上下

① 章学诚：《文史通义·史释》。
② 李兆洛：《与方植之》，载《养一斋文集》卷18。

务为相蒙，学术衰而人心坏。”[①]时代变迁，思潮翻转，“经世致用”的呼声在“天崩地解”的社会大动荡中再度高涨。不过，这次的“经世致用”，在考史技术上承袭了乾嘉考据学的成就，方法上更为进步；在思想内涵上，多少摆脱了一些陈腐的传统思想文化的束缚，借鉴了西方意识，有了新的内容。

柳诒徵是在新学风影响下成长起来的学者，他一贯反对在故纸堆中过蠹鱼生活，忽视现实人生；主张学以致用，读圣人书，通大义，辨真理，为现实、为国家研究历史。他曾经说过：

> 清朝的考据的风气，是因为经过许多文字的大狱，吓得许多聪明人，不敢讲有用的学问，只好专门做考据的工夫，说我们是考古，与今日的政治没有关系，免得清朝的满洲人猜忌他们，这是一种不可告人之隐。我们在今日要原谅那些老先生的。我们既然将清朝推翻，应该将历史和政治连合起来，发见史学的功效了。
>
> 《论语》上有两句讲学问的最好方法，是“博学而笃志，切问而近思”。凡人见得不多，没有种种的比较推勘，不能发生许多见识，所以先须要博学。但是，博学不是搬与人看的，要有笃实的志向，为自己、为最近的人和当时的国家，如此，方能得到最切近的问题，才能靠近的想。[②]

正是本着从历史的考证中发挥史学的致用宗旨，柳诒徵在最切近的时机，写了一些最切近社会问题的史学考录文章，在似乎是纯史学的论题下，将历史与现实，历史和政治联合起来。

1922年，第一次直奉战争爆发。直系军阀吴佩孚以美、英帝国主义为靠山，击败了奉系军阀张作霖，夺取了北京中央政权。为了进一步控制全国，吴佩孚连续发动了对四川、湖南、福建等省的军阀战争。同时，为了欺世盗名，假意标榜拥护民主，宣布恢复旧国会和抬出黎元洪当总统，鼓吹

① 沈垚：《与孙愈愚》，载《落帆楼文集》卷8。
② 柳诒徵：《讲国学宜先讲史学》，载《柳诒徵史学论文集》。

“法统重光”。各省地方军阀，为了抵制直系军阀的“武力统一”，保住自己的地盘，则高唱“联省自治”，大肆宣传所谓“还政于民”，要草拟“地方宪法”。一时，神州上空，民主空气好像突然浓厚了起来，议会、制宪再度成为善良的人们改革政治、振兴祖国的希望。

在这种政治气氛下，柳诒徵在《学衡》第1期发表了一篇题为《汉官议史》的考史文章。

在这篇并不很长的文章中，他发隐钩潜，引证《汉书》、《西都赋》、《盐铁论》、《后汉书》等文史资料，说明“吾国自古即有议官”，“至汉则国之政事无一不付之公议……政治公开当无过于炎汉矣”。

他具体分析了汉代参与议政的人员状况，指出：诸侯王、丞相、大司徒、太尉、大司马、大将军、将军、御史大夫、中二千石、二千石皆执行政务者；诸大夫、博士、议郎则专发言论者。“以执行者之经验，参言论者之理想，而事无不举，此各国设立两院之原则也。”他以汉代著名的盐铁会议为例，认为盐铁会议后汉代政府罢却榷酤，“是不得不从全国之民意”，而盐铁会议则是“吾国人民代表以正式选举、正式会议发表民意、战胜官吏之一大纪念也”。

他又详细地分析了汉代会议特点，认为汉代在言论自由方面有：寡不屈于众、下不屈于上、外不屈于内、民不屈于官四大特点。他说：

> 综观汉代会议之事迹，任人而不任法，议者无定员，会者无定期，随事召集，不立权限，裁可之柄，一在人主，其与今世法治国国会之性质，大相径庭矣。然正惟其不拘于法，故重精神不重形式，正言谠论乃得自由发摅，无所挠屈。约举其善，盖有数端：
>
> 一曰，寡不屈于众。纠众集议，取决多数，是计数，非衡理也。佥同者未必是，独见者未必非，投票举臂，漫然扶同，厥弊与逞臆专断者钧。
>
> 一曰，下不屈于上。今人动疑君主时代，阶级森严，不独臣民不敢侮君主，即小官亦不敢犯大吏。此等见地，皆由于不读史册，苟一浏览，即

知其不尽然……然以其时之风气尚亢直，而羞势利，故议事者多本良心之主张，不屑媕阿谄附……视后世国会议员拘牵党议，不敢一背党魁之命令，或承望行政官、资本家及新闻记者之意旨，明知其非义，而不能不放弃良心之主张，以徇其义者，何如乎？……是汉代虽以专制，而言论之自由，乃大过于号为共和之时代矣。

一曰，外不屈于内。外交、军事，非当局不能识其利害，局外之人，妄持长短，时机一舛，辄贻后患。

一曰，民不屈于官。汉之外官多采民意……民气之昌，于此极矣。

柳诒徵对我国古代文明实在是太崇奉了，他在各路军阀混战，纷纷祭起“议会”、“制宪”法宝，而人们普遍将中国的政治出路寄于议会政体时，本着对军阀虚伪做作的本能反感，对少数人吹捧西方“议会”，抹煞中国文明的厌恶，忽发奇想，从汉代找寻到了“吾国议会高尚纯洁之历史”。应该说，柳诒徵的考证是严肃的，对史料的应用是规范的，分析亦有合理之处，只可惜，他信古的主观意识太浓，以古证今的现实动机太强，过度的牵强附会，从而得出了一些不符历史实际的结论，使一个在学术领域本有讨论价值的课题，走进了政治的误区，降低了应有的学术意义。

柳诒徵考论汉代官议制度的失败，是一个时代的悲剧。

1911年，辛亥革命爆发，清政府被迫下台，随后，民国政府宣告成立，人们原以为从此天下太平，中国走上了“民主”、“议会制宪”的道路。然而，打倒了封建专制主义，推翻了清王朝，出现的却是民主、议会招牌下的军阀纷争。少数军阀寡头以武力挟持议会，贿选议员，上演了一幕幕民主幌子之下的独裁丑剧。这种乱哄哄，你方唱罢我登场的政治局面，不由得使人对“议会”、“制宪”、“民主”感到失望。有责任感的知识分子都在苦苦思索中国未来的出路。第一次直奉战争以后出现的政治格局，使一些受西方文化影响较深的知识分子对重建议会体制产生了希望。学者胡适就领着一班人高唱“好政府主义”，在《我们的政治主张》中提出：要求一个“宪政的政府”，要求一个“公开的政府”，要求一种“有计划的政治”。而柳诒徵则从反面得出经验，认为议会制度并非西方的专利，中国古已有之，虽然中国古代的议会制度与现代法治国家的国会性质不同，但其议政的优点超过法治国家的国会；而封建专制时代的言论自由，则大过于所谓的“共和”时代。这样，柳诒徵就从对军阀统治的极度失望，走向了复古的极端。

当然，柳诒徵的复古主张与胡适等人鼓吹的“好政府主义”同样都是行不通的幻想。不过，我们对于这些囿于时代的局限，政治的偏见，及文化的积淀，试图探寻救治中国之道的知识分子，本不必过分苛求。

如果说，柳诒徵基于对军阀统治的失望，及宣扬中国古代文明的意图，对汉代官议制度的考证产生过一定的消极影响，那么，他出于爱国抗日的衷肠对江苏地区明代倭寇史事的辑录，就有着相当积极的意义。

1931年，日本帝国主义发动了“九一八”事变，武装占领了我国的东北三省。1932年，又发动了“一·二八”事变，妄图“四个钟点占领上海”。日本帝国主义的蚕食进攻，使中国的民族危机日益加深。

“起来，不愿做奴隶的人们。”在民族危难之际，全国人民积极行动起来，要求抗战，一个抗日救亡的热潮在长城内外、大江南北迅速掀起。

坐在书斋里的柳诒徵按捺不住激愤的心情，要借历史的武器，来揭露日本侵华的罪行，弘扬中华民族御侮抗暴的崇高精神。1932年，他连夜爬梳董理，从《明史》、《日本国志》、《明太祖实录》、《筹海图编》、《明史纪事本末》、《嘉靖东南平倭通录》、《赵氏家藏集》、《松江府志》等几十种正史、野史、诗文集、地方志中辑录出明代倭寇入侵江苏的史实，写成了长达十五万字的《江苏明代倭寇事辑》，在《江苏省立国学图书馆第五年刊》上发表。

在这篇史料辑录性的文章中，柳诒徵以提要说明与史料排比的方法，详细叙述了明代倭寇入侵江苏的始末。他首先提出：

> 倭寇之患，与明相终始。

洪武初年，数侵掠苏州、崇明。永乐中，亦时入犯，要不敢大为寇。至世庙朝倭寇猖獗，东南半壁，几无宁土。入寇者，萨摩、肥后、长门三州之人居多，其次则大隅、筑前、筑后、博多、日向、摄摩、津州、纪伊、种岛，而丰前、丰后、和泉之人，亦间有之。

接着，他按年叙述了倭寇攻略江苏各县、乡，烧杀抢掠，残害百姓的情形，及各地军民奋起抗击的状况，并重点交代了俞大猷、唐顺之等抗倭名士统领官军剿灭倭寇的经过。最后，他通过介绍吴江水兵、崇明沙兵、嘉定严家兵、扬州商兵、淮南状元兵等著名乡兵，描绘出一幅"绅商农工，竞起执兵，以卫乡土"的壮烈图画；又以叙录南京陈忠、丹阳陈瑸、昆山陈淮、无锡张守经、通州曹顶等抗倭英雄的事迹，为这些普通的为正史遗忘的民众英雄树立了一座纪念碑。

明代倭寇是日本人入侵中国的先声，抗倭斗争的胜利则是中国人抵御外侮的骄傲。柳诒徵深知中国人对历史的偏好，对前事的重视，将明代倭寇大举入侵江苏这样一个历史事实全面、详细地揭示出来，就为人们提供了一面历史的镜子，自然提高了人们对日本入侵的进一步警觉，加深了对日本帝国主义的仇恨，增强了抗战必胜的信念。

柳诒徵对明代倭寇入侵江苏史实的辑录，在学术研究方面亦有重要价值。

明代倭寇本是明代历史上的重大事件，它曾极大地影响了明代内政外交的发展，因而备受历史学家瞩目。但由于资料零散，深入研究颇多困难。柳诒徵将受倭患最深的江苏地区的有关史料全部钩辑整理出来，就为研究者提供了方便；而且，他将注意点集中在一个地区，也为研究这方面的问题开辟了新的思路，具有了学术方法上的重要意义。

19世纪以来，西方列强加紧了在中国边疆的扩张活动，边防局势日趋紧张，引起了许多人的不安和关注。为了辨明形势，提供安边对策，中国史坛上兴起了研究边疆史地的风气。不少学者或深入实地考察，或研讨辽金元史，写出了不少具有重要价值的学术专著，诸如徐松的《西域水道记》、《汉书西域传补注》、沈垚的《六镇释》、《新疆私议》、张穆的《蒙古游牧记》、何秋涛的《朔方备乘》都名重一时。这种风气，一直延续，直至民国以后，仍甚有市场。柳诒徵承继清人学风余绪，对边疆史地亦较为关注，曾先后撰写过《大夏考》、《契丹大小字考》、《奴儿干事辑》等考录文章。

《大夏考》[①]主要针对丁谦《汉书西域传考证》中有关大夏立国的黄帝前，汉时立国于巴格德利亚的大夏，即古大夏国地的说法进行考辨。

柳诒徵认为，黄帝时大夏在昆仑以东，不在昆仑以西，而以为昆仑以西的大夏为上古时的大夏，是误信了人种西来之说。他批评丁谦说：

> 自山西至甘肃一带，实古之大夏，后世不详其四至，或称其东界为大夏，或称其西界为大夏，其实固一国之境也。明乎此，则吾国人种自兴于雍、冀诸州，绝无所谓西来之说。丁氏固极信人种西来之说者，乃于《汉志》所言地理方位，尚未明了，亦可见其读书不细心矣。

丁谦《汉书西域传考证》为研究边疆史地风气下出现的考释《汉书西域传》的一系列专著中的一种，柳诒徵针对其中大夏一节进行的考辨，不但纠正了丁谦考证出现的失误，而且对于纠正在研究边疆史地时盲目套用西方见解的错误倾向亦有一定帮助。

《契丹大小字考》[②]主要考证了契丹文字是否有大小两种。

关于契丹大小文字，前人未曾专门研究，而《辽史》有神册五年（920年）制大字事记载，《契丹国志》则有天赞六年（927年）制小字一说，柳诒徵从史书细微处发现了问题，以内证、外证诸法，根据《辽史》、《金史》、《契丹国志》、《新五代史》等资料，对勘排比，索隐发论，考证出契丹文字

① 柳诒徵：《大夏考》，《史地学报》，1924年第2卷第8号。
② 柳诒徵：《契丹小字考》，《史地学报》，1923年第2卷第6号。

确有大小两种，并谓“契丹大字成于神册五年（920年），小字盖成于天赞六年（927年）”。

柳诒徵的这篇考证文章，篇幅不长，但推导严密，补证了不同史书的漏误，破译了一个历史之谜。

《奴儿干事辑》[①]以奴儿干都司为中心，详细叙述奴儿干都司的状况。

奴儿干都司为明政府在西起鄂嫩河、东至库页岛、北抵外兴安岭、南濒日本海的东北广大地区设立的地方政权，它是中国早就直接有效地管理着这一地区的有力证明。近代以来，沙俄为鲸吞中国的北方领土，千方百计地否认中国政府曾实际统治过奴儿干地区，因而，奴儿干都司就成为人们提供历史佐证的焦点。不过，有关奴儿干都司的资料比较零碎，前人主要依据明太监亦失哈在永乐七年（1409年）至宣德七年（1432年）间巡视奴儿干都司时先后树立的《敕修永宁寺记》碑和《重建永宁寺》碑立论，显得证据较为单薄。

柳诒徵为了全面昭示奴儿干都司的状况，潜心研究，从《元文类》、《元史》、《元典章》、《明史》、《明一统志》、《明会典》、《宣德实录》、《鸡林旧闻录》等众多典籍中钩辑出不少资料，撰成了这篇辑录性的文章。

柳诒徵在这篇辑录性的文章中，详细说明了奴儿干都司的设置始末：

> 据《明一统志》，其地有古城，至元始废，明时城址犹存……知其隶属吾国，尚不始于元也。明太祖时，未遑经略其地，成祖初年，置奴儿干卫。
>
> 《万历会典》东北诸夷，首载奴儿干都司及三百八十四卫，是奴儿干都司至万历时犹存也。万历末年，建州勃兴，以今所传满清典籍所称，征东海，征索伦诸役，都未见奴儿干之名，意其湮沦久矣。

除此之外，他还考论了亦失哈奉使巡视的状况，彰明了康旺、王肇舟、佟答

① 柳诒徵：《奴儿干事辑》，《史地学报》，1924年第3卷第6期。

剌哈等为《明史》、《永宁寺》碑文所未载的使臣事迹。

柳诒徵的《奴儿干事辑》，引证详明，排比缜密，为一个受人关注而又交代未明的具有重要现实意义的历史课题画上了一个圆满的句号。

《大夏考》、《契丹大小字考》、《奴儿干事辑》等一组考录性文章，分别研究的是一些具体的历史问题，或发前人所未发，或纠前人之失误，或补前人所未备，在学术上都有一定的价值。

在这组文章中，柳诒徵似乎本着纯学术的态度，未作现实政治的比附。不过，我们不能认为柳诒徵写这组文章就没有经世致用的意旨，从这组文章考论的问题与研究边疆史地的关系，以及历史背景看，柳诒徵治学的精神还是一贯的。

3.3 史书校证

近代以来，乾嘉考据学虽然受到了激烈的讥评，但在学术领域仍有相当的市场，受过严格考据学方法训练、毕生以考据为上的旧式学者姑且不论，即使许多留学海外数年，受西方文化影响较深的学者，回国后，也常常自觉不自觉地做起考据学问来，获得过美国博士学位的胡适说他更有“考据癖”，就是典型的一例。这实在是因为乾嘉考据学已深入中国文化的肌理，影响太深!

柳诒徵是一直沉浸于国学之中的学者，在治学方面当然对乾嘉考据更为熟悉。虽然，他一贯认为治学应从“身上做工夫”，认为“以考据、训诂为实学，不知腹中虽贮书万卷，而不能实行一句，仍是虚而不实也”[①]。但他毕竟未能完全摆脱乾嘉考据学的影响，因此，在为现实社会而治学的同时，也不时超脱于现实社会的烦恼之外，学习乾嘉学者，做做校证史书之类的纯考据的学问来。

其实，纯考据本无可非议，一切学问总需求真，而求真大都要用到考

① 柳诒徵：《中国文化史》第二编第十八章《宋儒之学》。

据。所谓“去粗取精、去伪存真”，去“粗”、去“伪”的过程，免不了有一个考据的过程；而非经过这一过程，则无法“由此及彼，由表及里”，达到学术上的升华。因此，如果说研究历史可以分为好几个层次，那么，历史文献资料的考证，则是不可或缺的第一层次。

柳诒徵一生对史书的校证，较有代表性和具有相当学术价值的，是对《宋太宗实录》和《明史稿》的校证。

柳诒徵对宋史颇感兴趣，鉴于宋代史料芜杂，舛误甚多，他决定先从史料研究入手，就《宋太宗实录》作一次典型剖析。1927年，他利用《宋史》、《东都事略》、《续资治通鉴长编》、《四史朔闰考》等对《宋太宗实录》卷二十六进行了详细校证，并撰成了《〈宋太宗实录〉校证》一文，在《史学与地学》第3期上发表。

在这篇校证文章中，他以极为认真的态度，指出了诸书与《宋太宗实录》的许多异文、脱漏，以及日、月舛讹之处，如，他指出有关宋琪、李昉的封官任职，诸书不同，《宋太宗实录》十一月载：

> 琪封广平郡侯，昉封陇西郡侯。

而《宋史·太宗本纪》则作：

> 以参知政事宋琪、李昉并平章事。

《东都事略》作：

> 宋琪、李昉并同中书门下平章事。

《续资治通鉴长编》作：

> 以刑部尚书参知政事宋琪、工部尚书参知政事李昉并本官同平章事。

又如，他指出《宋太宗实录》所载“泗州言僧伽塔白昼有光，民燃顶及焚指断臂者数千人，吏不能禁”一事，“诸书均未载”。

柳诒徵的这篇校证，具有重要的学术价值。因为，实录是官府所修的最原始的资料长编，是历史研究的第一手资料，《宋太宗实录》是宋代诸朝实录仅存者，故史料价值极高。《宋史》虽卷帙浩繁，为研究宋史的主要依据，但编写草率，缺乏鉴别、剪裁，舛误缺漏处甚多，甚至有“一人两传”，有目无文，以及前后矛盾的现象，历来备受史家批评，而其他各书亦多有不足，以《宋太宗实录》与《宋史》及其他诸书相校，正可见《宋史》及其他诸书缺失所在，由此，可为进一步考辨。利用《宋史》及其他诸书提供思路，柳诒徵的校证就为这项工作做出了很好的示范，无疑，有利于宋代史料研究的深入开展。

柳诒徵校录《明史稿》的工作做于1931年。当时，有一个河南人出示先人所藏的《明史稿》十二册到南京求售，自称为以“布衣”身份参与编辑工作的著名历史学家万斯同的改稿本，这件稀世珍籍立即引起有关部门的重视，教育部总审处将原书收存，送交国学图书馆，请柳诒徵鉴别真伪。柳诒徵详加校辨，认为此加封面答题及题名为“季野”的朱文长方小印皆可伪造，不足为据，而可作为重要证据的只有翁方纲所题的一首长诗。但翁方纲长诗见于《复初斋集·宝苏室小草》四，注明作于乾隆丙申（1776年）九月，而此书跋语则称是乙卯（1795年）之明年四月，两者日期不合。又，翁方纲诗中说“体例依然无论赞”，盖无论万斯同的稿本，还是王鸿绪《明史稿》俱应没有论赞，但此书稿王宪、金献民等人传后，有论一篇，显然，诗文所言与具体内容不合。除此之外，此书跋语浅俚，并且将大学者卢文弨的名号“弓父”写成了“予父”。由此数点可以看出，写上翁方纲所题长诗者，是借翁方纲诗作伪，故不能论定此书为万斯同原本。

不过，柳诒徵认为，此书虽不是万斯同原本，但从书的墨迹，批撰语气，及其稿姓名看，可以断定其确为康熙中明史馆修史原稿，因而具有较高的学术价值。为了彻底分辨此书与王鸿绪《明史稿》，及乾隆中编定的《明史》之间的异同，柳诒徵遂着力对此书进行研究，以此书与王鸿绪《明史稿》、《明史》定本相校，最终撰成了《〈明史稿〉校录》一文，在《江苏省立国学图书馆第四年刊》上发表。

在这篇校录中，柳诒徵采用了移录此书原文，将王鸿绪《明史稿》、《明史》异同随文注入的办法，以此来揭示诸书的详略得失。从所校录的文字看，此书明显详于王鸿绪《明史稿》、《明史》，如此书有《陈嘉猷传》，而《明史稿》、《明史》俱无；此书有《陈鑑传·陈风俗疏》五条，列举其说，而《明史稿》、《明史》仅载其目；此书载有天顺三年（1459年）朝鲜国王李瑈与建州董山交结，私授其官，将为边患事，而《明史稿》、《明史》仅述，天顺三年，边将奏有建州三卫都督私与朝鲜结，恐为中国患，讳去了董山姓名等。

《明史》是所谓“二十四史”中的最后一部，从清顺治二年（1645年）设明史馆修明史始，至乾隆四年（1739年）七月《明史》告成，前后历经近百年。此间，总裁官屡有变动，史文也因时、因人，多所更改。康熙中，徐元文任监修官时，万斯同入馆修史。徐元文之后，张玉书、王鸿绪相继为总裁官。至康熙末年，王鸿绪呈上《明史稿》时，已多处窜改了万斯同的原稿；而乾隆年间，以张廷玉总纂名义颁行的《明史》定本，虽存万斯同史识处甚多，但大端已非本来面目。

正由于《明史》修撰过程复杂，以及多次改稿的诸多瓜葛引起了人们的普遍注意，因而《明史》修撰经过，及万斯同原稿、王鸿绪《明史稿》、《明史》的异同就成为史学界的重要研究课题。

柳诒徵睿眼卓识，不但发现了康熙中明史馆修史原稿，而且以该稿与王鸿绪《明史稿》、《明史》校录，让人们更清楚地了解了《明史》修撰的不同阶段，显现了诸书缀述先后，及繁简去取的用心所在。这样，就对《明史》研究做出了重要贡献。

柳诒徵有关《宋太宗实录》、《明史稿》的考校，充分体现了他所具备的高超的考据水平。从考校文章看，他考据时态度审慎，凡有异同，必定排比原文，以事实为据，不杂己意；而查校推断，逻辑严密，层层推导，尤如抽茧剥蕉，胜似老吏断狱，其学术功力确然不凡。

3.4 修史论议

中国是一个重视历史的国度。几千年来，历代王朝都把编修史书视为国之大典。而史学家也总把厕身于修史行列视为荣耀。这种重视修史的文化传统，对每一个以文史为业的学者都有一定的影响，自然，柳诒徵也就在其列了。

柳诒徵习史出道后，对修治史书即十分留意，在悉心研究中国史学发展的同时，曾就如何修史、前人修史得失、史书体例等发表过一系列的意见。

1914年，刚刚执掌全国大权不久的北洋军阀政府，秉承历朝惯例，成立清史馆，任命赵尔巽为馆长，柯劭忞为总纂，组织班子修纂清史，为刚退出政治舞台的清政府作历史总结。一时，成为政坛、史界议论的大事。清廷遗老系于名誉、感情的纠葛，提出各种意见，自不必说，不少史学家为修好这部中国最后一个封建王朝的史书，亦提出了不少建议。柳诒徵出于对此事的关心，也特地撰写了《清史刍议》，送达清史馆，对如何修治清史提出了自己的看法。1922年，柳诒徵将此文交由《史地学报》发表。

柳诒徵文章关注的中心是编修清史的“义例”问题。在他看来，“义例”问题是修好清史的关键，“义例”不能解决，编修清史也就无中心可寻，无章法可依。在“义例”问题上，他又主张首先要解决“义”，即要确立编修清史的主导思想，所谓“今所当辨，惟在义例。义不先立，例无由起”。

那么，编修清史的“义”是什么呢？他认为，主要是“持平”，既不能因清朝是少数民族而立，就抱着大汉族主义的偏见，痛肆诋諆；也不能因清王室是皇室贵胄，就抱着歌功颂德的态度，曲笔隐讳。要真正做到：“婉而成章，尽而不污，必本《春秋》，义无歧重。”所谓“必本《春秋》”即以孔夫子著《春秋》笔法，委婉、公正、客观地记录清代历史。

所谓“例”，即编修清史的体例。这是柳诒徵讨论的重点。柳诒徵在文章中，以很长的篇幅探讨了应如何确立《清史》本纪、表、志、列传的体例，详尽地提出了自己的看法。

他认为，清世祖福临统领天下时，南明政权仍然存在，南北对峙局面尚未消除，故从清朝入关到统一全国，只能与努尔哈赤的天命朝、皇太极的崇德朝相并，合为《满洲本纪》一编，拟议中的《世祖本纪》应予删除；宣统皇帝登基为时不长，如同秦王朝的子婴，而《史记》、《汉书》中俱没有为子婴列专纪，所以，修《清史》应效法《史记》、《汉书》之法，将宣统列入光绪皇帝的《德宗本纪》之末，拟议中的《宣统本纪》也要去掉；慈禧太后虽然权重天下，但毕竟只是垂帘听政，并没有像汉代吕后那样公然废黜皇帝，也没有像唐代武则天那样堂而皇之地践九五之尊，故不能将她与吕后、武则天相比，单独列入本纪，拟议中的《慈禧本纪》也应去除。

在《清史》表、志方面，他认为，列表应根据时代特点，折衷类从。如应设《外交表》，标列“使聘往来，立约租地”，增加《国计表》，“户口疆理，国用钱币，关市盐铁，偿款债额，年经月纬，与为要会”。各志也应合时而立，反映时代特色。如应列《邮传志》，记载“交通四政”；立《外交志》，记载“通商交涉”。

至于《清史》诸传，他认为，个人专传仍可依正史旧例，类传则应审事实，据异势，分合增删。如天算格致，我国早有发明，不宜另立《畴人传》，可并入《儒林传》；明清陵替之际的顾炎武、王夫之、黄宗羲等，矢志不附新朝，事迹与众不同，应专立《遗民传》；帮助清政府剿灭太平天国的洋将戈登、白齐文等，应事迹有存，宜特立《客卿传》；刺杀清朝大臣，为反清革命捐躯的吴樾、徐锡麟等，应循司马迁《史记》循名列传之意，专设《刺客传》；旧史所有《佞幸》、《宦官》、《奸臣》、《忠义》诸传，或提法与时不合，或事实难以类从，可尽行芟削。

柳诒徵上述诸多意见，主要还是就旧史法立论，在旧史例的框架中修修补补，未能有根本性的突破。不过，它多少体现了应时变革的精神，比清史馆中那些顽固守旧，只知一味对清朝各帝歌功颂德，死守旧史体例，不知变更的遗老旧臣，要高明许多。

柳诒徵虽就旧史法、旧史例论修《清史》，但他并非主张旧史法、旧史例应亘昌万古。在他看来，“民国肇造，政体鼎新，天下非一家之私，史例自因时而变”①，但清朝为封建帝王统治，与中国历代封建王朝一脉相承，修《清史》当为补刊正史，而补刊只能行旧史例，尤如修复古建筑，当“修旧如旧”才是。因此，他极力反对以正史为君主史书，繁重难读为由，要打破旧史法、旧史例，重新编修《清史》的主张。他认为，学术思想应因时而论，不能脱离时代，以今律古，正史是历史研究者所必需的资料，患少不患多。他说：

> 夫学术思想，各有时代，由后责前，无异于以耳诮目。必谓政体更易，不宜揆张帝王，则是法国学者，必不读拿破仑之本纪；日本士夫，率不谈德川氏之史册。蔑古诬人，莫此为甚。至于苦其繁重，欲求简易，则坊肆教科，率仅数册，齐氏年表，鲍氏韵言，其为简括，尤便占诵。会谓专家研阅，必如学僮图陋，乃至广罗名宿，为此骈技，则更不可解矣。且二十四正史，浅人苦其多，通人正患其少。②

诚然，如何编修《清史》，可以再作探求，但柳诒徵主张因时治史，反对以今律古的精神是正确的。柳诒徵不顾当时因议以旧史法、旧史例修《清史》，会被人指责为封建余孽之嫌，坚持实事求是的立场，公开提出自己的意见，其学术勇气也是值得称赞的。

柳诒徵出于因时治史的认识，力主在新时代下，应效法欧、美，撰修各类专门史书，总结历史经验，以备当代借鉴。他说：

> 是宜捃摭百氏，胪举万流，仿欧美之例，著专门之史。凡民所资，如农

① 柳诒徵：《清史刍议》。
② 柳诒徵：《清史刍议》。

商渔牧、工艺医药、建筑绘画、音乐文学、宗教风俗，以及兵事外交、政治教育、路电邮航、矿山水利，上起古初，下迄今日，详其原委，扶其利病，庶足征前代之矩矱，备当途之考镜，轨躅合乎六州，徽美彰乎五族。[①]

为此，在1924年，他特地撰写了《拟编全史目录议》，作为中华教育改进社历史研究组议案提出。他建议：

请同社同组诸公，合力编一全史目录，打破从来经、子、史、集及正史、编年之类的范围，以分代史、分类史、分地史、分国史四种为纲，而以经、史、子、集及近出诸书、外国人研究吾国史事之书，推之图谱器物，凡与史事者有关者，均以条举件系，汇引一编，俾学者知欲治某朝某类之史，可先按目而求，尽得其原料之所在，然后再以近世史学家之眼光方法，编制新史。[②]

即发动专家，通力合作，为编制欧美式的新史作资料上的准备。

在这个议案中，他还示范性地就分代史、分类史、分地史、分国史四种列出许多重要典籍，并提出：

凡书必注若干卷，某人著，某局本，某处发售。孤本则注某氏、某图书馆所藏。

凡外国人所著用汉文者，如上例。用西文及和文者，注明某国文、某国、某处印售。有译本，注某人译，某处印售。已译而未印者，亦注明。

凡一书关系多方者，须互著重出，仍注明互见某类。

凡器物图像，必注出某地，藏某家，见某书、某卷。

等详细凡例，供中华教育改进社诸同人商议，希望分人专任，就其所见，补

① 柳诒徵：《清史刍议》。
② 柳诒徵：《拟编全史目录议》，《史地学报》，1924年第3卷第1期。

其遗漏，然后再求教于海内外硕学通儒，进行详细讨论，务求编辑无漏。

从这个议案可以看出，柳诒徵编制新史的主张是认真的。如果真能按照他的提议编成这样一种详细的目录，确实不但可为编制新史打下基础，而且“各大学图书馆，皆可按照目录，购致诸书，以饷学者。历史博物馆，亦可按照目录，征集器物”[①]，一举多用，无啻于为中国学界造一福音书。

柳诒徵在20世纪20年代就修治《清史》，编制新史所发的议论，基本上是框架性的，立意宏大，尤其是关于编制全史目录的提议，用功深远，气度不凡。其时，他正处年富力强之时，又兼学有所成，气魄、胸襟自当如此。以后，他仍然关注修史，只不过，随着年岁渐长，学识渐深，于宏观处用功渐少，具体探讨前人修史得失渐多。20世纪40年代，他陆续写过一些专门研究前人修史的文章，其中，关于裴松之注《三国志》的义例和陆游修史的研究，可为代表。

《三国志》是记载魏、蜀、吴三国鼎立时期的一部纪传体的国别史，由被誉为“善叙事，有良史之才”[②]的西晋人陈寿撰著。由于陈寿文笔质朴简练，史实取舍严谨，此书问世后，即为史家瞩目。南朝刘宋时，有一位名叫裴松之的国子监博士，奉旨寻绎近代史事，遂对《三国志》多所用功，有感于其书“失在于略，时有所脱漏”[③]，于是，采用注文形式，对原书史实加以增补、考订，使《三国志》内容大大丰富，文字总数超过原书三倍。由于裴松之注《三国志》采用了补阙、备异、纠谬、论辩等诸种方法，开创了注史的新例，因而为后代史家所推崇。

柳诒徵对《三国志》裴注相当看重，在他看来，《三国志》裴注在中国史学发展史上具有重要地位，而裴松之注《三国志》所采用的补阙、备异、纠谬、论辩等方法，并非率意而为，必有其独到用心和一定之规，而揭示

① 柳诒徵：《拟编全史目录议》，《史地学报》，1924年第3卷第1期。
② 房玄龄等：《晋书·陈寿传》。
③ 裴松之：《上三国志注表》，见《三国志》书尾。

这种用心和例规，对于借鉴前人修史大有帮助。为此，他对《三国志》裴注进行了认真研究，写成了《〈三国志〉裴注义例》一文，在1945年《文史哲季刊》第2卷第1期上发表。

在这篇文章中，他全面分析了《三国志》裴注详、略、阙、省、议等各种情况，指出了其何以如此注释的例规。如他揭示，裴氏有通篇无注者，在于“裴氏无所依据，遂从不知盖阙之义”；有注文省略者，在于“迭发事显不书”之例。他认为，裴注凡一事征引数书者，“剪裁诵述，皆有用意”，或“了无发明者弃矣”，或“本志无名，可缘他传而附列”，或“语详本传，乃悉别载以尽意”，或“并载两书”，或“分别先后”，非“浸为捃摭掇拾者比也”。

柳诒徵还从裴氏注史，详究礼制，议事本于《春秋》，论祀孔，则基于孟子等迹象，指出“裴氏用力于陈志，实重在史法”。他批评《四库全书总目》作者所举裴注六端：引诸家之论，以辨是非；参诸家之说，以核伪异；传所有之事，详其委曲；传所无之事，补其阙佚；传所有之人，详其生平；传所无之人，附以同类，是未能明裴氏重在史法的深意。“盖清人专重博览，徒见裴注广罗群书，于纪传诸人，详其世系，举其政绩，述其文辞，牵连及其党类，以为裴氏注史之功，专重在此”，而“后之补裴注者，盖侧重于广证，偶闻猥说，翘举不厌，益失之远矣”。

柳诒徵在文章最后评论道：

> 裴氏之书，兼史注、史评二者之长。
>
> 裴氏之注不第可谓陈志功臣，且可谓为晋代诸史之南董。

柳诒徵关于《三国志》裴注义例的研究，具有相当重要的学术价值。它系统揭示了裴注义例的本意，为人们把握裴氏注释意旨，阅读、取舍裴注提供了指南。因此，可以这样说，裴注是陈志的功臣，柳文则是裴注的功臣。

陆游是南宋著名诗人，在金兵南下、国势危急之时，他以感情激昂、气概宏肆的诗篇，唱出了爱国御侮的时代精神，因而名重于世，尤其是一首至为感人的《示儿》诗——“死去元知万事空，但悲不见九州同。王师北定中原日，家祭无忘告乃翁”更让其为世人所熟知。然而，也许由于他诗名太重，他的史才才被湮没，虽然他曾修过《南唐书》，但关于他的史识和修史经过，却鲜为人知。

柳诒徵研究前人修史，独具慧眼，在中国众多史家的行列中看中了陆游。1948年，他经过对《南唐书》、《宋史》、《宋会要》、《建炎以来朝野杂记》、《渭南文集》、《剑南诗稿》等资料的认真董理考辨，撰写了《论陆放翁之修史》，随后，于《国史馆馆刊》上发表。

在这篇不长的文章中，他首先比较了陆游所修《南唐书》与马令所修《南唐书》的优劣，指出，马令尊石晋为正统天子，权衡不当，所列类传，多有淆乱；而陆游识见较高，不尊一统，诸传依人性质汇录，分类合理。结论是：

> 马令继其祖元康纂《南唐书》，颇有意于史法，而例目不当，未为良史。放翁所著，视马书为高简。

接着，他根据陆游《剑南诗稿》自注“予三作史官，皆初开局”一句，追根寻踪，详细考证出陆游于绍兴三十二年（1162年）任枢密院编修官兼编类圣政所检讨官，光宗初任实录检讨官、嘉泰二年（1202年）任权同修国史、实录院同修撰，修孝宗、光宗《两朝实录》及三朝史的史实，以及如何参与修史的经过，从而将隐而不彰的一段史实公布于众。

柳诒徵对陆游修史的研究，一方面揭示了陆游的史才、史识，还了陆游史学家的本来面貌；另一方面，表明了自己对史法与史例关系的看法。他通过陆游《南唐书》与马令《南唐书》的比较，有意说明了，光注意史法，史例不当，仍未为良史。因此，史法固然重要，史例亦不可偏废。

从20世纪20年代议论修治《清史》，编制新史，到40年代研究前人修史，柳诒徵的论史思想经历了从宏观到微观的两个有联系又有区别的发展阶段，这两个阶段虽然有着明显的界限，但其中始终存在着一个中心，这就是对修史“义例”的关注。

无义例不立，无规矩不成方圆。没有明确的指导思想，当然谈不上建立合理、完善的体例，而没有合理、完善的体例，则必然修不成条贯有致的史书。“义例”是修治史书的关键，柳诒徵论议修史，牢牢抓住“义例”不放，说明他确有过人的史识。

3.5 地方史研究

在中国，自从那位以一方雍州之地席卷天下、包举海内的秦始皇建立封建大一统王朝以后，大一统王朝的历史，就成为史学研究的主流。史学家们出于大一统政治的需要，注重于王系、乐辩于正统，将地方史、区域史搁置到一边，难得过问。尽管如此，宋代以来，地方上修志书亦渐成风气，但充其量只是为地方上留下一点资料，研究是很难说得上的。然而，近代以来，地方史研究却异军突起，一度成为史学研究的热门。人们在帝国主义列强侵略面前，出于保国保家、激发爱土之心，及推动地方发展的意愿，调转了治学方向，纷纷展开了对乡土历史、区域历史的研究。

柳诒徵是热爱家乡的学者，他为了使家乡历史彰明于世，曾以极大的热忱，借用传统的方志形式，先后撰修过《里乘》、《江苏书院志初稿》等有关地方史、区域史的专书。

中国的方志起源较早，战国时期写成的《禹贡》虽然是九州大要的总汇，但从内容而言，即可视为我国流传下来的最古老的方志。不过，在漫长的封建社会中，方志只是为朝廷修史提供资料和所谓“传述忠孝节义……以使百世而下者，怯者勇生，贪者廉之”的“有裨风教”的工具。[1]只是近代以来，文化大潮的转归，才使人们认识到，编纂方志，“宜搜集人世之现象，推记古今之迁变，以验人群进化之迹。盖人类举止，悉在因果律之范围，惟即果以溯其因，使民之囿于习染，斯为不知变通，则中国之弊俗庶可因之渐革”[2]。即

① 章学诚：《答甄秀才论修志第一书》，载《文史通义·外篇三》。
② 刘师培：《乡土志凡例》，见《国粹学报》，1906年第21至24期。

利用方志来探寻人世进化的轨迹，实现移风易俗，改造社会。

柳诒徵编纂的方志，即体现了这种新的精神，特别是具有专类志书性质的《江苏书院志初稿》更是如此。

书院本是中国封建社会中特有的一种非官方的教育组织，从唐中叶至清末，它在一些官僚、乡绅的主持下，在封建专制政权的夹缝中顽强成长，时而兴旺，时而衰败。它与封建政府的官学不同，学风较为自由，方法较为灵活，主讲人亦往往是当时的著名学者。在长期的发展过程中，它对中国古代教育、学术发展，以及人才培养，都产生过重要影响。

江苏地区书院发展较早，宋代初年即有了与白鹿洞、岳麓、睢阳、衡阳石鼓四大书院齐名的茅山书院。明清时期，江苏经济发达，文化随之飞腾，书院所在皆是。其中，东林书院以衡量公卿，非议朝政，独树反对阉党大旗，名标青史；钟山书院则以名师荟集，人才济济，饮誉一时。江苏地区的书院是江苏教育史上的一份珍贵遗产，当抛弃千年陈规，学习西方创办新式学校之时，这份珍贵的历史遗产就很值得认真总结。

柳诒徵对书院办学的历史经验一直很重视，在他看来，书院讲学自由、经济独立，可为创办新式学校所借鉴，“讲学自由，经济独立，非今日学者所渴望者乎？稽之史策，固有前规”[①]。为了发展地方教育，本着鉴古通今、古为今用的意旨，他下力气研究了江苏地区的书院，从大量的方志、文集、笔记中搜罗资料，排比考证，提要解说，写成了《江苏书院志初稿》[②]。

柳诒徵的《江苏书院志初稿》，以传统的纲目笔法，详细叙录了从北宋至清江苏各地的书院、著名山长、讲学规章、课艺膏火。

柳诒徵用心深远，特别注重把握不同时代的书院学风变化，如他指出：

> 蒙古之教，抑儒崇释，江南隶元，书院辄为异教侵占。……而华夏文

① 柳诒徵：《中国文化史》第二十二章，《宋元之学校及书院》。
② 柳诒徵：《江苏书院志初稿》，载《柳翼谋先生纪念文集》。

化，深入人心，霾翳不久，寻复其旧。

元以山长为学官，故书院等于郡县之学校。明代教士一归儒学，士夫讲学书院之风一变，其存者徒以崇祀儒先耳。

第综有清一代而论，书院风气与宋明迥殊，其课帖括者无论矣。乾嘉以来，崇尚朴学，转于古学法有合。

在此基础上，他详论江苏各书院兴废及讲学特点，做到了大中有小，小中见大，个性与共性有机地统一，更清晰地显现出一个地区书院发展的独特轨迹。

柳诒徵还着重总结了江苏主要书院的学术特色和历史地位，如他认为：

私人讲学之书院，赫然树一徽帜，风靡宇内，左右朝政，师儒习道，及讲析心性之微言，固足以独立成学派；而其同志之进退存亡，昭然有关于天下之大，遂以书院之名被政党之目，合宋、元、明、清四代江苏书院衡之，盖无有过于东林书院者矣。

柳诒徵的总结，包举大端，见微知著，分析精辟，为人们研究和借鉴这些主要书院的办学经验，提供了建设性的意见。

柳诒徵的《江苏书院志初稿》，是他地方史研究学术成果中具有代表性的一种。这篇学术专文，作为专类的教育方志，在中国方志修撰史上是一种可贵的尝试，有着开创性的学术意义；而其“凡立一义，必凭证据”的写作方法，充分体现了他治史谨严、缜密，决不凭空作论的学术风格。

柳诒徵的地方史研究，在他整个学术生活中，所占比重不大，却是相当重要的一部分。他就此取得的学术成果，不但反映了他学识的广博，而且凝结了他民族主义的学术情感和热爱乡土的一片心血，体现了他为国家、为社会治学的一贯精神。

第4章　把握中国文化的精髓——《中国文化史》

柳诒徵研究历史，既久且专，著述等身，而《中国文化史》则是最能代表他学术成就的专著。这部以研究中国文化为矢的，以探求中国文化得失为宗旨的气度恢宏的学术巨著，从它一诞生起，就在学术界产生巨大反响，甚至直到今日，仍然受到学术界的高度重视。

4.1　中国文化史的开山之作

1911年，中国历史翻开了新的一页，随着清政府的垮台，在神州大地上运行上千年的封建专制王权的列车终于到达了终点站。于是，似乎一直伴随着封建政权运行的中国传统文化的命运就成了问号：中国传统文化还有没有必要存在？还能不能存在？中国文化的未来是什么？是全盘西化还是传统复兴？是批判继承还是彻底摒弃？一切关心中国传统文化命运的知识分子就此展开了热烈的讨论。“五四”前后，这种热烈的讨论更形成了激烈的论战，中国学术界出现了一股前所未有的文化热潮。

那些被西方经济发达、文化昌盛的繁荣景象折服得连连叩首，惊叹西方的月亮要比中国的圆三分的人士，那些对中国积贫积弱的状况痛心疾首，而把满腔怨气都集中于中国传统文化的学者，都恨不得立即将中国文化彻底改种换根，来一个全盘西化。他们认为，中国传统文化已是历史的陈迹，不可能再生，革故鼎新，就是要用西方文化来取代中国传统文化。西方文化是科学时期的文化，人类文明进化的趋势已不可避免地走入科学时期，因此，中国“非走西方文明的路不可”①。

当时，不少新文化运动的主将抱着激进主义的态度，基本上持全盘西化的观点。还是激进民主主义者的陈独秀，通过东西文明史的比较，认为：中土自西汉以来，穷兵黩武成为国家大戒，而佛教徒戒杀，更消磨了健斗之风。儒者不尚力争，老氏使民不争，以佳兵为不祥之器，造就了一个爱平和、尚安息、雍容文雅的劣等民族。东洋民族以家族为本位，自游牧社会进而为宗法社会，自酋长政治进而为封建政治，而宗法社会的种种弊端，造成了社会不法，惨酷衰微；东洋民族以感情为本位，以虚文为本位，而造成了法治不全，实力不强。西洋文明重争战，重个人，重生活，是真正的“近世文明”。“西方文明无疑比中国固有文明先进，中国应急起直追，方可救亡。”②那位对中国国故还抱有一点感情的留美博士胡适，也认为：

> 大凡一国的文化最忌的是“老性”，“老性”是“暮气”，一犯了这种死症，几乎无药可医；百死之中，止有一条生路：赶快用打针法，打一些新鲜“少年血性”进去，或者还可望却老还童的功效。③

那些对中国传统文化早朝夕拜，视其为种族之根、国家大魂、神灵所系，沾沾自喜于中国传统文化源远流长、博大精深的学者，则认为东方文化具有西方文化所无法比拟的优越性，高唱“古”比“今”好，“东”比“西”高，并豪情满怀地断言，未来东方文化必然昌明，儒家根本精神必然光大。

著名学者梁漱溟就特地写了《东西文化及其哲学》一书，为东方文明大唱赞歌，宣称全世界都要走“中国的路、孔家的路”，未来文化就是“中国文化的复兴”。而积极参加论战的以伧父为笔名的传统文化论的代表人物杜亚泉则认为，中国“静的文明”可以救西方“动的文明”的弊端。说西

① 常乃悳：《东方文明与西方文明》，《国民》，第2卷第3号。
② 陈独秀：《东西民族根本思想之差异》，《青年杂志》，第1卷第4号。
③ 胡适：《文学进化观念与戏剧改良》，见《胡适文存》卷1，第213页。

方文化的输入造成了中国“人心之迷乱”，“精神之破产”，主张用儒家思想加以“统整”，使中国传统文明振兴光大。[1]

中国传统文化命运的论争，引起了人们对中国文化史的关注。激烈的言辞，代替不了事实的陈述；未来的兴衰，本可从历史中探究。于是，一些以治史为己职的知识分子，开始以文化的眼光，重新去审视中国的历史；以求实的精神，重新去探讨中国的文化，着手总结中国传统文化的得失，撰写中国文化发展的历史。

一位名叫林传甲的学者率先操觚，于1914年完成了一部《中国文化史》，由上海科学书局出版，但如片石入海，未起波澜。学术大师梁启超继踵而起，拟编一部规模宏大的包括二十五类内容的真正的《中国文化史》，可惜力不从心，未能成书，只留下了一篇《原拟中国文化史目录》和《社会组织篇》。

柳诒徵对中国传统文化的命运也十分关注，从1919年起，即着手系统研究中国文化史，并编写讲义，在南京高等师范学校开课讲授。与此同时，他十分留意中国文化史的最新研究成果，一有所得，随时增改。从1925年起，他的《中国文化史》讲稿在《学衡》杂志上逐期发表，迄1926年，《学衡》出了合订本。1928年，中央大学出了排印本，1932年，南京钟山书局正式印行，1935年再版，以后，各地出版机构不断翻印，流传甚广。

柳诒徵认为，近世学者谈中国文化，大都未能抓住要义，因而批评“近儒操笔，矜言文化，毛举细故，罕知大谊”。他十分推崇梁启超规划的《中国文化史》，认为：

新会梁氏，殚精国闻，创为一书，分类标目，自朝代都邑、政术宗教、以洎文艺军备、农业商市、工艺美术、戏剧歌曲，骈罗并举，竟委穷原，

---

① 伧父：《迷乱之现代人心》，《东方杂志》，第15卷第4号。

杜、郑以来，无斯鸿著。采其规画，已叹观止，济以新识，运以眇策，杀青之后，必无古人。[1]

但他又担心梁启超设计的规模过于宏大，一时难以完成，“独患综摄既多，钩纂匪易，体大思精，骤难卒业”[2]。鉴于近世学者研究中国文化史的成败，他所编《中国文化史》力求“精”、“通”，要言不烦，并努力去把握中国传统文化的精髓。

柳诒徵反对没有彻底了解中国传统文化就贸然给中国传统文化下一个应“生”或应“死”的结论，批评全盘西化论者、传统文化论者都是“实则凭短期之观察，遽以概全部之历史。客感所淆，矜馁皆失”[3]，认为“欲知中国历史之真相，及其文化之得失，首宜虚心探索，勿遽为之判断”[4]。本着披示中国历史的真相和文化得失的宗旨，他试图在《中国文化史》中以人类演进的通则去显现“吾民独造之真际”，回答“中国文化为何”“中国文化何在”的大问题。

由于柳诒徵研究中国文化史的宗旨明确，而且态度严谨，实事求是，因而，他所编就的《中国文化史》体例完善、立论中肯，所以一问世就受到了学术界的重视，被誉为“中国文化史的开山之作”。而追随其后面世的各种文化史专著，如常乃悳的《中国文化小史》、杨东莼的《本国文化史大纲》、陈国强的《物观中国文化史》、陈登原的《中国文化史》，俱未能出其右。

4.2 真正的文化史

文化史，顾名思义，是研究文化的历史。然而，“文化”这似乎简单、明确的字眼，却包含着十分丰富的内涵；而如何理解“文化”，显然关系到能否撰就成一部不同于一般通史的真正的文化史。

近代以来，中外学者对文化都十分关注，仁者见仁、智者见智，给“文

① 柳诒徵：《中国史学之双轨》，载《柳诒徵史学论文集》。
② 柳诒徵：《中国史学之双轨》，载《柳诒徵史学论文集》。
③ 柳诒徵：《中国文化史·绪论》。
④ 柳诒徵：《中国文化史·绪论》。

化”下了许多不同的定义。1952年美国文化人类学家克鲁伯和克拉克洪合作编纂的《文化，关于概念和定义的检讨》一书收集的文化定义竟达164种，真可谓“公说公理，婆说婆理”。不过，尽管众说纷纭，对各种文化定义进行归纳，则大体有四：或谓文化是人类所创造的物质文明和精神文明的总和；或谓文化是指观念形态或精神文化、文化心理结构；或谓文化为人的创造力的凝聚，是人类创造的不同形态的特质所构成的复合物；或谓文化是人的生活方式、行为模式。

柳诒徵研究中国文化史，强调探求“吾民独造之真际”，而所著《中国文化史》，则包括了人种起源、政治改革、制度建设、宗教兴衰、诗文发展、学术流派、工艺进步等诸多内容，由此可见，柳诒徵理解的文化，则为归纳定义中的第三类，即：文化为人的创造力的凝聚，是人类创造的不同形态的特质所构成的复合物。

理解文化内涵是一回事，撰写成具有特色的真正文化史又是一回事。因为，从所归纳的文化定义的第三类去撰写与一般通史有别的真正文化史，并非易事。如果不能始终把握住确切的界定的文化内涵，随意地将所谓人类的创造全部排列拼凑在一起，必然还是常见的豆腐块式的通史。

柳诒徵对文化内涵的理解是明确的。在他的《中国文化史》中，界定的文化内涵始终是撰述的标尺，也始终是贯穿各个篇章的一条主线。

他在《中国文化史·绪论》中分析中国历史的发展，明确地以文化转归为依据，提出了中国历史发展的三时期说：

> 自邃古以迄西汉，是吾国民族本具创造之力，由部落而建设国家，构成独立之文化之时期。
>
> 自东汉以迄明季是为印度文化输入吾国与吾国文化由抵牾而融合之时期。
>
> 自明季迄今日，是为中印两种文化均已就衰，而远西之学术思想、宗教政治以次输入，相激相荡而卒相合之时期。

这种三时期说，不同于一般的通史历史分期，它始终以文化发展的转折作为划分的基准，因而在把握中国传统文化发展的量与质的变化方面，具有了典型意义。这种文化发展三期说的提出，无疑是柳诒徵对中国文化研究所做出的一大贡献。

循着文化发展三期说，柳诒徵在展开具体研究时，始终坚持以文化发展作为主要对象。他在《中国文化史》的各个篇章中，不但注重揭示“民族全体之精神所表现者”，删略了“帝王朝代、国家战伐、经济发展”等一般通史常见的政治、经济等方面的内容，而且，在一些必须交代的有关的政治、经济方面的内容时，处处注意追寻其内在的文化根源和文化蕴义。

如阐述宋代的政党政治时，他没有简单地交代新、旧两党的政见分歧及斗争经过，而是披蔓寻根，从文化渊源上探寻新、旧两党的分歧所出，他写道：

> 宋之新党近于管、商，旧党近于黄老，其根本观念不同，故政策亦各有所蔽。[①]

这样的分析，就为人们了解和评价宋代新、旧两党的政见，提供了文化上的依据。

又如，阐述历代疆域开拓时，他没有像通行史书那样强调武装的价值，而是着重分析了文化在边土开拓中的意义。他指出，秦代徙民实边，虽为政府出于政治需要所采取的暴虐举动，却使华夏文化流传到了边远地区，使边远地区得到了开发。他说：

> 秦时南越、滇、蜀皆赖中夏之民为之开化，尉佗之文理、卓氏之筹

① 柳诒徵《中国文化史》第二编第十九章《政党政治》。

策，特其著者耳。吾国人民之优秀，实冠绝于四裔，虽为政府强迫迁徙，亦能自立于边徼。故秦代谪戍移民之法，虽在当时为暴虐，而播华风于榛狉之地，使野蛮之族皆同化于中县，其所成就，正非当时政府意计所及也。[1]

在谈到汉代疆土开辟时，他再三强调不同地区文化发展的先后，及其对以后风气的影响，提醒人们的注意。他说：

汉之南部，虽立郡县，其文化远逊于江淮以北，经数百年殆渐同中土。先民劳苦经营，遂造成今日中华民国大半之地，而南北风气之睽隔，亦由于开化之时有迟速之不同。读史者所最宜究心者也。[2]

从政治史角度看，疆土开拓似乎与文化发展并无多大关连，但柳诒徵变换角度，就发现了疆土开拓中所具有的文化意义，从而摆脱了一般通史就政治论疆土开拓的窠臼，将其置于了整个文化考察的体系之中。

如果说，单个历史问题的论证还不足以完全反映柳诒徵《中国文化史》作为一部真正文化史的内容特色，那么，其对复杂历史动因下出现的社会转型时期的阐述，如有关唐宋之际社会变迁的阐述，则能充分表明他的《中国文化史》是一部货真价实的以文化作为基本对象的文化史。

唐宋之际，中国社会发生了很大变化，对此，人们早有朦胧的认识。时至近代，日本的中国学学者首先明确提出了“唐宋变革论”。1922年，日本学者内藤湖南在其所撰写的《概括的唐宋时代观》中认为：唐宋之际，中国中世的贵族政治向近世的君主独裁政治转化，中世的奴客和实物经济向近世的雇佣和货币经济转化，中世的贵族文化向近世的庶民文化转化，因此，唐宋之际是中国社会由中世向近世演变的转捩点。内藤湖南的“唐宋变革

① 柳诒徵：《中国文化史》第一编第二十九章《秦之统一》。
② 柳诒徵：《中国文化史》第一编第三十一章《汉代内外之开辟》。

论”及其主要论点，在中、日史学界产生了很大反响。

柳诒徵也认为唐宋之际是中国中世纪变化的最重要的时期。他说：

> 自唐迄宋，变迁孔大，其大者，则藩镇之祸，诸族之兴，皆于政治、文教有种种之变化。其细者，则女子之缠足，贵族之高坐，亦可以见体质、风俗之不同。而雕版印刷术之勃兴，尤于文化有大关系。故自唐室中晚以降为吾国中世纪变化最大之时期，前此犹多古风，后则别成一种社会。[①]

柳诒徵以他敏锐的历史眼光，发现了唐宋社会的不同，得出了与内藤湖南相似的结论，可谓是“英雄所见略同”。然而，在具体考察时，他所注目的方向却与内藤湖南大不相同。他没有盯住政治、经济，而是瞄住了文化，从文化变迁中发现了蛛丝马迹，他所论述的主要是“汉族势力日衰，沙陀、契丹、党项诸族并兴”，“昔之标举门第、崇尚族望之风由兹而隳，南北文化亦以迥殊”，“唐宋以来，始有绳床、椅子、杌子、橔子诸子诸物，是亦俗尚之大异于古”，“居处行动，皆求安适，人之文弱”等等，完全是与文化相关的内容。

比较内藤湖南与柳诒徵有关唐宋变革的论述，不难看出，内藤湖南是从政治、经济、文化各个方面去研究唐宋变革的，是一种框架型的、通史式的论述；而柳诒徵看重的则是唐宋之际中国创造的不同形态的特质变化，是一种全景型的、文化史式的论述。柳诒徵的《中国文化史》是一部真正的文化史，由此概可知晓。

4.3 进化的文化史观

研究历史，免不了要涉及以什么样的观点来看待历史发展的问题，研究文化史亦是如此。这种对历史发展的认识，就是所谓的历史观。古今中外，一切有识见的历史学家都强调以正确的历史观作为研究历史的指导。其道理十分简单，茫茫大海上的航船，如果没有正确的导航，必然会迷失

① 柳诒徵：《中国文化史》第二编第十六章《唐宋间社会之变迁》。

方向，而历史研究本就如社会发展海洋中的一只航船。

柳诒徵研究中国文化史的历史观是明确的，这就是19世纪以来，在西方社会，人文科学研究中占主导地位的有规律可循的社会进化论。

有规律可循的社会进化论是西方科学主义盛行下的产物。19世纪以来，西方自然科学取得了高度成就，在自然科学蓬勃发展的刺激下，人们对人类社会的发展有了新的认识，人们不再把人类社会看成是上帝手中的万花筒，也不再把它视为人心自由的创造物，而是把它看成是受精神规律和自然规律支配的客观的物质存在。有规律可循的社会进化论，就是强调社会发展是有规律的，是进步的，它与中国史坛几千年来占统治地位的复古史观、循环史观相比，无疑要高明许多。

有规律可循的社会进化论在20世纪前后传入中国，逐渐地为有识之士所接受。柳诒徵撰写《历代史略》时，虽然有规律可循的社会进化论已传入中国，但毕竟影响还不大，而且，当时他还年轻，还没有能力摆脱传统历史观的束缚，因而，他的《历代史略》所表现的历史观还比较保守。到了他研究中国文化史时，中国社会已经发生了巨大变化，有规律可循的社会进化论已在学术界广为传播，而且，他在史学领域已耕耘了20多年，历史的认识能力已大为提高，历史观也已基本成熟。他的《中国文化史》表明，此时，他已基本接受了西方传入的有规律可循的社会进化论，并能以这种社会进化观来看待中国文化的发展。

柳诒徵在《中国文化史·绪论》中劈头就阐述了自己的历史观，说：

> 历史之学，最重因果。人事不能有因而无果，亦不能有果而无因。治历史者职在综合人类过去时代复杂之事实，推求其因果而为之解析，以诏示来兹，舍此无所谓史学也。

又说，“人类之动作，有共同之轨辙，亦有特殊之蜕变”，而自己研究中国文化史的要义之一，就在于“求人类演进之通则”。

很显然，所谓“人类演进之通则”，就是人类历史发展的客观规律。这说明，柳诒徵是承认历史发展存在规律的，而且，这种规律是可以探求的。因而，他所说的历史因果，就不是影响历史事件的杂乱的互为因果的各种因素，而是肯定社会发展存在规律的“历史因果律”。

柳诒徵有关历史观的阐述，是他研究中国文化史所奉行的历史认识论的宣言书，这种宣言不但超越了他撰写《历代史略》时的自我，而且，比同时代的不少著名学者要稍胜一筹。

“五四”前后，在“民主与科学”大旗的召唤下，西方现代资产阶级思潮纷纷涌入，杜威（J.Dewey）的实用主义、罗素（W.Russel）的社会改良主义、李凯尔特（H.Rickert）的新康德主义、赫尔德（G.Herder）的历史哲学、鲁宾逊（J.H.Robinson）的综合史观等都对中国史学界产生了一定影响。不少学者信奉起相对主义和不可知论，对历史因果律产生了怀疑。胡适就认为，历史是没有任何内在联系的偶然的凑合，“实在是一个很服从的女孩子，她百依百顺的由我们替她涂抹起来，装扮起来”[①]。一度相信过历史因果律的梁启超也转而认为，“历史为人类心力所造成”，无必然的法则，“所以史家的工作和自然科学家正相反，专务求‘不共相’”[②]。与这些同时代的著名学者相比，柳诒徵没有随风摇摆，没有坠入相对主义和不可知论的泥沼之中，而是坚持承认历史因果律，这就表明，在他所处的那个时代，他研究中国文化史的历史观的确比较进步。

柳诒徵承认历史因果律，承认历史的进化，他在《中国文化史》中特别强调“研究历史，尤当涤除旧念，著眼于人民之进化”[③]。

本着进化的文化史观，柳诒徵考察了中国文化的发展，认为中国社会经历了一个逐步由愚昧向开明演进的过程，文化亦随之从无到有向前发

① 胡适：《实验主义》。
② 梁启超：《研究文化史的几个问题》，见《饮冰室文集》之四十。
③ 柳诒徵：《中国文化史》第一编第三章《家族及私产制度之起源》。

展，“盖自草昧社会，进而至于文明”。在这发展过程中，制度、文艺逐渐昌茂，发明创制，前后迭现。自然，对于这种文化演进的趋势，柳诒徵给予了充分的肯定。

柳诒徵还把文化的发展，归结于人民的集体创造，否定了少数圣人的神功独造，他指出：

> 社会之开明，必基于民族之自力，非可徒责望少数智能之士。

基于这种认识，他考察了《考工记》、《世本》等所记载的黄帝时宫室、衣裳、舟车、弓矢、文书、图画、律历、算数等制作，认为：

> 后世盛称黄帝，有以也。然黄帝时之制作，或恃前人之经验，或赖多士之分工，万物并兴，实非一手一足之烈。[1]

比较柳诒徵在《历代史略》中对社会进化的认识，以及对太昊、炎帝、黄帝三帝创制之功的肯定，我们可以发现，柳诒徵研究中国文化史时，历史观已比20年前有了明显的进步。他已在相当程度上摆脱了封建史家的保守观点，这种历史观的转变，就为他科学地剖析中国文化的发展奠定了基础。

值得注意的是，柳诒徵在考察文化进化的过程时，不但注意到了思想意识的演进，而且，还注意到了思想意识演进背后的经济动因。他在分析鸦片战争以后中国的社会状况时说：

> 自五口通商以后，门户洞开，海陆商埠，逐年增辟。加以交通之进步，机械之勃兴，而吾国之经济遂息息与世界各国相通。昔之荒陬僻壤，可变为重要之都市。昔之家给人足者，多变为不平均之发展。语物力之开发，则远轶于前，论财政之困难，又觉迥殊于古。而国民之思想道德根

① 柳诒徵：《中国文化史》第一编第二章《洪水以前之制作》。

于经济之变迁而变迁者，尤为治史者所当深究矣。[①]

观察社会历史的变迁，以物质经济事件为中心，这是马克思主义唯物史观的特征和要领，虽然，我们不能仅凭上述柳诒徵的一段话就断言，柳诒徵接受了马克思主义唯物史观，但可以感到，在“五四”时期国内思想界学习宣传马克思主义唯物史观的热潮中，他已多少受到了一些马克思主义唯物史观的影响。应该看到，“国民之思想道德根于经济之变迁而变迁”这一唯物史观的闪光，在一个深受旧思想、旧道德影响的知识分子身上出现，是多么难能可贵。

从柳诒徵的《历代史略》到《中国文化史》，我们可以清晰地看到他的历史观从保守到进步的发展轨迹，然而，他头脑中的旧的历史观的烙印毕竟太深，而且，对中国古代文明实在太迷恋，因此，即使在他头脑中已确立了有规律的社会进化观时，仍不时有倒退的历史意识泛现。

他在《中国文化史》第二编第一章《中国文化中衰及印度文化东来之故》中说：

> 自太古至秦汉，为吾国人创造文化及继续发达之时期。自汉以降，则为吾国文化中衰之时期。虽政治教育，仍多沿古代之法而继续演进，且社会事物，亦时有创造发明，足以证人民之进化者。然自全体观之，则政教大纲，不能出古代之范围，种族衰弱，时呈扰乱纷割之状。虽吾民亦能以固有之文化，使异族同化于吾，要其发荣滋长之精神，较之太古及三代秦汉，相去远矣。

诚然，如果柳诒徵所说的我国文化的“发荣滋长之精神”，仅指政教大纲，则不无一定理由。因为，从秦朝统一中国以后，“汉承秦制”，“唐承隋

① 柳诒徵：《中国文化史》第三编第十八章《经济之变迁》。

制”，封建专制主义的中央集权的政权体系并没有出现多大的实质性的变化，而儒家的思想道德体系也代代相因，未能有多大改变。但他所说的“发荣滋长之精神”，并非专指政教大纲，而是概指了中国的传统文明。这一点，联系到他基于传统的儒家意识而产生的对周代文明的推崇，我们就可明了。他在《中国文化史》第一编第十九章《周之礼制》中，非但详细阐述了周代的政教礼俗，而且认为：

> 吾国文明，在周实已达最高之度，嗣又渐降渐进，至今则古制澌灭殆尽，而后群诧域外之文明。

既然周代文明已达到了中国文明的顶点，而且以后是“渐降渐进”，那么，至汉代以降，当然是“相去甚远”。从柳诒徵由周代文明谈到汉代以降文明的字里行间，我们几乎可以听到，他就中国传统文明的衰退所发出的类似九斤老太的“一代不如一代”的声声叹息了。

不过，一面肯定社会进化，一面叹息传统文明倒退的矛盾的思想意识集于柳诒徵一身的现象并不奇怪。因为，他撰写《中国文化史》的时期，正是中国社会的转型时期，旧的封建专制的政治体系已经被砸碎，新的民主、共和的政治体系尚未能真正建立，军阀混战，民众不宁，独夫暴虐，甚于皇权，不时使人有一种“今不如昔”的感叹；同时，中国的社会思想意识形态也在转型，形形色色的西方资产阶级思潮如潮水般涌入，中国封建主义的思想意识顽强地掘地自守，先进的马克思主义思想广为传播。处于这种变化的历史漩涡之中，作为一个多年接受儒家思想熏陶，对三代文明极为陶醉的旧式学者，带着进化和倒退的矛盾思想意识看待历史的发展，本是时代左右下的必然。

行文至此，必须申言，柳诒徵认为中国文明倒退的思想意识，只是支流，支配他研究中国文化史的主流仍然是进化的文化史观。从整部《中国文化史》看，他再三肯定了物质文明的进步，直至谈及近代，都认为“物力之开发，则为远轶于前”。而且，即使认为文明的倒退，也主要是指三代以来的文化传统，并没有因此得出中国文化从此衰退、僵死的结论，恰恰相反，他在以后的各章各节中，仍然不断地强调中国文化的发展、进步，即使在谈到中国文化中衰时，他仍然在强调社会的演进，人民的进化：

> 虽政治教育，仍多沿古法，而继续演进，且社会事物，亦时有创造发明，足以证人民之进化者。[①]

因此，我们决不能以偏概全，置柳诒徵《中国文化史》中的主流不顾，而凭主观偏见，抓住片断言语，就将他的历史观说成是落后、保守，随意将他划入主张文化倒退的复古主义者的行列之中。

4.4 民族主义的生发

近代中国，铭刻于国人之心的奇耻大辱，那就是帝国主义列强的侵略。俄国人侵略满洲，德国人经营山东，法国人窥视两广，英国人主宰扬子江流域，神州大地处处有被瓜分的伤痛。辛亥革命以后，腐败、屈辱的清政府虽然倒了台，但帝国主义列强侵略枷锁仍未摆脱，中国仍在帝国主义列强的魔爪下呻吟，未能成为一条振足腾飞的龙。在这种历史背景之下，中国的史学家们，大都抱着强烈的民族主义思想，从“非以我国民族主义之雄风盛潮，必不能抗其民族帝国主义之横风逆潮”[②]的认识出发，鼓吹民族主义，以此培养人们心中的民族意识，提高民族自信心、自尊心。柳诒徵的《中国文化史》虽未曾明确宣称要弘扬民族主义，但所写各个篇章中，却始终贯穿着生发民族主义的意旨。

柳诒徵是一个具有强烈民族意识的爱国学者，他在《中国文化史·绪论》中，首先提出了三个极为严肃的大问题：

第一，中国“幅员之广袤，世无其匹也”，“数千年治权时合时分，而国

① 柳诒徵：《中国文化史》第二编第一章《中国文化中衰及印度文化东来之故》。
② 邓实：《政治通论外篇·通论四·帝国主义》，见1902年《政艺通报》。

土之增辟，初无或闲，今之拥有广土，皆席前人之劳。试问前人所以开拓此天下，抟结此天下者，果何术乎？”

第二，中国“种族之复杂，至可惊异也”，“而异族之强悍者，久之多同化于汉族，汉族亦泯然与之相忘，试问吾国所以容纳此诸族，沟通此诸族者，果何道乎？”

第三，中国“年祀久远，相承勿替也。世界开化最早之国，曰巴比伦、曰埃及、曰印度、曰中国，比而观之，中国独寿”，“合过去之国家与新兴之国家而较之，未有若吾国之多历年所者也，试问吾国所以开化甚早，历久犹存者，果何故乎？”

这三个大问题的答案，当然是他整部《中国文化史》所要阐明的。不过，我们姑且暂时不去追究答案的具体内容，先看一看他所提问题的本身。我们从这三个大问题，以及提问的字里行间，不难体会到，柳诒徵研究中国文化时，对中国人开拓天下、容纳异族、源远流长的独特的民族文化精神，抱有怎样的一种强烈的民族自豪感。

正是抱着强烈的民族自豪感，柳诒徵在《中国文化史》第一章中，首先研究了中国人种的起源，对近代以来甚嚣尘上的中国人种西来论，以及支那文明西元论进行了尖锐的批判，他从“人类之生历年久远”，“人类之生不限一地”，“一地之人各分部落”三点立论，指出：

> 自生民之初至于有史时代，至少亦必经数十万年，若谓吾国茫茫九有，从古初无人类，必待至最近数千年中，始由巴比伦、中亚细亚转徙而来，是则理之所不可信也。

他肯定了中国文明是中国人自我创造的产物，认为中国古代“东、中、西三方有最初发生之部落”，“羲农以后，所谓华夏之族，实由前此无数部落混合而成”，而中国文明的源头，就发生在这些居住在华夏大地上的原始居民之中。

中国人种西来论、支那文明西元论，是近代西方资产阶级文化入侵的产物，也是“民族虚无主义”泛滥的结果。这种伪科学的结论，企图从根本上动摇中国人的民族信念，铲除中国文化大树的树根，为西方帝国主义列强的殖民行为寻找借口。柳诒徵义正词严的批判，从根本上驳倒了这种荒谬论调，正明了视听，为回答有关中国历史命运的大问题打下了坚实的基础。

从中国文明由中国人创造这样一种具有强烈民族自信心的基调出发，柳诒徵饱含着民族主义情感，对有关中国历史命运的术、道、故，作了具体回答。在他看来，这术、道、故，就是中国人的创造力，中国文化的融合力，以及同心归向、一脉相承的文化精神。

柳诒徵十分明确地肯定了中华民族具有非凡的创造力。他在《中国文化史》第一编中详细叙述了“政法之萌芽”，“文字之兴”，“衣裳之治”，“治历授时”，“城廓道路宫室之制”等，其目的就是要证明中华民族有能力，“本其创造之力，由部落而建设国家，构成独立之文化”。

柳诒徵不但肯定了中华民族的非凡创造力，而且还肯定了中华民族勇于吸收外来文化，化异为我，洋为中用的容纳四海的博大精神。他在谈到中国文化面对不断东来的印度文化时，骄傲地指出，中国不但不拒异邦文化，反而能本其吸收之力，将印度文化消化吸收，变为中国文化，发扬光大。他说：

> 印度的文化输入吾国，而使吾国社会思想以及文艺、美术、建筑等，皆生种种之变化。且吾民吸收之力，能使印度文化变为中国文化，传播发扬，且盛于其发源之地，是亦不可谓非吾民之精神也。[1]

柳诒徵对中华民族创造力与勇于吸收外来文化精神的肯定，具有强烈的现实意义。当时，西方文化不断涌入，民族虚无主义思潮逐渐滋长，一些人眼见西方发达，悲观地哀叹，中国事事不如西方，认定西方文化必然要取代中国文化。柳诒徵对中华民族创造力和勇于吸收外来文化精神的生发，就

① 柳诒徵：《中国文化史》第二编第一章《中国文化中衰及印度文化东来之故》。

坚定了人们的民族信念，鼓舞了人们的民族精神，使人们认识到：中华民族本具有自立于世界民族之林的创造力，具有接纳、消化外来文化的能力，西方文化并不可怕，西方文化非但不可能取代中国文化，反而会被具有强烈吸收力的中国文化消化，中国文化则必将在吸收西方文化中发扬光大。

柳诒徵大力弘扬中华民族的融合力，在他看来，在中国这块广袤无垠的土地上，众多民族能够融合共存；少数民族虽不时入主中原，但终究不废中华文化血脉，并逐步同化于中华文化之中，其根本原因就在于中华文化的先进，具有高度的融合力。

他在《中国文化史》第二编第二十章《辽夏金之文化》中，写下了这样一段弘扬中华文化融合力，又隐含现实意义的话：

> 观于宋人之衰弱，几疑中国之文化实足为国家种族之害，反不若野蛮人种之尚武，可以凌驾文明国人之上。然试考诸国之历史，则其事殊不尽然。凡异族之以武力兴者，率多同化于汉人之文教，即其文字有特创者，亦多出于华文。

少数民族以武力征服中原，最后同化于汉人文教，这具有讽刺意味的历史事实，无疑证明了以汉人文教为主体的中华文化具有足资骄傲的强大的融合力。

值得注意的是，柳诒徵在这里以宋人衰弱为引，提出了“几疑中国之文化实足为国家种族之害”的话题，这就暂时离开了遥远的历史，回到了社会现实之中。当时，不正是有不少人认为中国之所以逐步衰弱，罪责就在于中国文化吗？很显然，柳诒徵在此借历史事实以教训那些全盘否定中国文化的人士，要他们知道，中华文化非但不是国家、种族的祸根，反而是保证国家长存，种族不灭，征服异族的法宝。从这里，我们不难看出，柳诒徵研究中国文化时所具有的针对社会现实的民族主义心态。

应该指出，柳诒徵所极力生发的民族主义，并非以排它为宗旨的狭隘的大汉族主义。他认为，“文化不以种族而分之”，光辉灿烂的中国文化并非汉族的专利，而是居住在中国大地上的各个民族所共同创造。

本着这一认识，柳诒徵在《中国文化史》中对辽、夏、金、元，以及清代文化都作了详细的介绍，并充分肯定了这些少数民族在共同创造中华文明时所起的作用。柳诒徵十分明确地指出：“不得谓剃头辮发者，无创造文化之力也。”[①]因此，他虽然多次提到汉人政教同化异族，但概言中国文化时，就并非专指汉文化，而他对中华文化融合力的彰扬，就不仅仅是对汉文教的彰扬。这一点，正是柳诒徵比当时一些鼓吹大汉族主义的国粹主义者高明之处。

本着民族主义的立场，柳诒徵从文化发展的角度，认真思考了中国数千年之间，“主权有转移，而国家初未亡灭”的原因。他认为，这主要在于中华民族创造的文化富有弹性，能够在历史的变迁中，顺应潮流，融会变通，延续发展。

> 吾民族创造之文化，富于弹性，自古迄今，绵绵相属。虽间有盛衰之判，固未尝有中绝之时。苟从多方诊察，自知其于此见为堕落者，于彼仍见其进行。[②]

既然中国文化不绝，民族精神不灭，那么，中国自然能够历年久远，不像其他文明古国短促而灭了。在这里，柳诒徵没有用什么褒扬的词句，但人们可以真切地感到，他对中华民族创造的一脉相承的文化充满着深厚的情感。

柳诒徵对中国文化富有弹性的揭示，既说明了中国之所以能绵延不绝，永远屹立于世界东方的奥秘，又坚定了人们对中国文化能够在潮水般的西方文化冲击下继续生存的信心。它使人们相信：近代中国文化虽暂时落后于西方文化，“仅能维持继续”，但它必将秉其固有的弹性，在中西文化

① 柳诒徵：《中国文化史》第二编第二十章《辽夏金之文化》。
② 柳诒徵：《中国文化史·绪论》。

的撞击中，取长补短，再度昌盛于世界的东方。

民族主义是推动柳诒徵着力研究中国文化史的动力，也是一直回荡于整部《中国文化史》中的主旋律。当西方文化似乎要席卷全球，包吞一切，中国文化似乎已沉沦不张，人们普遍对古老中国文化的命运担忧时，柳诒徵高张民族主义的旗帜，理清中国文化的脉络，弘扬中国文化的精神，提高民族自尊心、自信心，是应该给予充分肯定的。在这种历史背景之下，谁还能因为他出于对祖国的关心，对民族的挚爱，对中国传统文化有一些过度的推崇，而不分青红皂白，横加责难呢?

4.5 人本主义的颂歌

中国当代著名哲学家冯友兰先生在《中国哲学的特质》一文中，曾对中国文化中的人本主义精神作过精辟的概括，指出：

> 中国文化讲的是人学，着重的是人。中国哲学的特点就是发挥人学，着重讲人。无论古今中外，无论那家的哲学，归根到底都要讲到人，不过，中国的哲学特别突出地讲人。[①]

确实，中国传统文化，尤其是儒家文化，特别重视人在历史进步中的作用，强调人在社会中的价值，主张重视民意。商、周时期，中国的人本主义思想已经萌芽。盘庚迁殷，说“视民利用迁”[②]即表明商王已经懂得应视民意而治天下。春秋时代，中国人本主义思想进一步勃兴，孔夫子的名言“未能事人，焉能事鬼”[③]，就代表了人道的高张，神道的退隐，而“知生事人”从此成为中国人本主义思想发展的方向。战国以降，众多秉承孔子衣钵的儒家学者对孔子宣扬的“爱人”思想进一步加以阐发。被称为“亚圣”的孟子

---

① 《论中国传统文化》，三联书店，1988年1月，第140页。
② 《尚书·盘庚》。
③ 《论语·先进》。

说，“民为贵，社稷次之，君为轻”；而另一位儒学的代表人物荀子说，“天之生民，非为君也，天之立君，以为民也”。由此，爱民、重民、利民的人本主义思想得以发扬光大，人本主义精神也就成为中国传统文化中辉耀万世的灿烂之光。

柳诒徵在《中国文化史》中积极肯定了中国传统文化中的人本主义精神，大力宣扬了历代爱民、保民、重民的事迹，并以近代资产阶级所宣传的民权、民治观念去审视古代中国的爱民、保民、重民，进行了不无理想化的发挥，为中国传统文化中的人本主义精神唱了一首热情的颂歌。

他在《中国文化史》第一编第九章《唐虞之政教》中，对当时刚刚萌发的爱民思想，即给予了高度评价：

> 唐虞政教之梗概，及其社会之状况，具如上述。其尤重要者，则敬天爱民之义，为后世立国根本，虽有专制之君，暴虐之主，刚愎自用之大臣，间亦违反此信条，而自恣其私意，然大多数之人，诵习典谟，认为立国唯一要义，反复引申，以制暴君污吏之毒焰。于是，柄政者，贤固益以自勉，不肖亦有所惩，即异族入主中国，亦不能不本斯义，以临吾民。故制度可变，方法可变，而此立国之根本不可变。

爱民思想作为中国传统文化中人本主义精神的一个重要方面，确曾在中国历代政治生活中发挥过巨大的积极影响。以文治武功留名青史的一代明君唐太宗，在即位之初以战战兢兢的口吻说出的“为君之道，必须先存百姓，若损百姓以奉其身，犹割股以啖腹，腹饱而身毙”[①]的话语，以及以敢于犯颜直谏著称于世的唐代名相魏征，用“君，舟也；人，水也。水能载舟，亦能覆舟”的古语来警戒唐太宗的史实，就十分生动地说明了发端于唐虞之世的爱民思想的政治威力。因此，柳诒徵对唐虞之世爱民思想的高度评

① 《贞观政要》卷一《君道第一》。

价，自然是有一定道理的。

不过，中国古代的爱民思想毕竟不是震慑封建专制君主的核武器，它在中国封建社会中，只具有劝化的作用，并不能真正成为所谓的“立国之根本”。人们从一部《二十四史》中，又何曾见到过几个真正以民为念的封建君主？即使民本意识较强、在中国封建社会中大有爱民典范意味的唐太宗，龙椅坐得日久，也逐渐生了骄民之心，不能慎终如始，拳拳以民意为念了。中国封建社会的统治者，在专制政体之下，大多相信的只是寡头垄断、专制独裁，依靠的只是心腹爪牙，偶尔唱一唱民意的高调，也不过是为了粉饰政治门面，替寡头统治贴上“民意”的金字招牌而已。所以，柳诒徵将衍发于唐虞政教的敬天爱民之义，说成是唐虞以来“立国唯一要义”，“即异族入主中国，亦不能不本斯义，以临吾民”，则未免是夸大其词，将中国传统文化中人本主义精神的政治效力捧到天上去了。

当然，柳诒徵这样抬举中国古代的爱民思想，是有其现实的政治动机的。因为，辛亥革命以后，武夫当政，北洋军阀中的各个派系，为抢夺权位，不时交相火并，丝毫不以人民死活存亡为念。全国民众生活日益艰难，处于水深火热之中。柳诒徵目睹社会惨状，为中国历史上的爱民思想大张其目，弦外之音，就是警告当权的纠纠武夫，不可肆意蹂躏百姓，不爱民则不可立国。柳诒徵作为一个文弱书生，在武夫强权的政治局面之下，无力救民于水火，因而，只能极力弘扬古代爱民思想，以历史抨击现实，用潜台词为民请命。这种借历史以抨击现实的做法，本是封建专制社会中有正义感的知识分子迫于无奈所惯用的，柳诒徵在北洋军阀的黑暗统治下，不得已沿用故伎，既说明他有爱民的善良愿望，也证明了当时政治的悲哀。虽然，柳诒徵将中国历史上的爱民思想的政治作用抬得太高，甚至有违背历史事实之嫌，但我们只要明了他写作《中国文化史》的历史背景，明了他热切爱民的心态，自然不会因为他的善良的政治出发点而对他苛求责备。

出于对中国传统文化中的人本主义精神的过度推崇，以及匡救时弊的强烈的政治动机，柳诒徵还极力描述了三代民权状况。他说：

夏商之时，人民得尽言于天子之前。天子有疑，且谋及庶人。初非徒尊皇极，而夺民权也。以今日投票权例之，当时国事分为五权：天子一人一权，卿士若干人一权，庶民若干人一权，龟一权，筮一权。五权之中，三可二否，皆可行事。庶民之权，等于天子……天子、卿士皆反对，而庶民藉龟、筮之赞成，亦可以使天子、卿士放弃其主张，而从庶民之说。①

周时虽无民主，而有民权。人民之钤制帝王，隐然具有一种伟大之势力。盖周代相传之训，以为天降下民，而后为之作君作师。故为君者，恒以畏天保民为主。周召诸公，于此义尤拳拳焉……礼之若匹敌，亲之若朋友，是实君主对于人民最高之义。故周之立国，虽重礼而上文，等威之辨，严若天泽，而百工士庶，咸可尽言于王朝。②

三代是中国人本主义思想的起步时期。由于部落原始民主制的影响，以及处于立国、兴邦的忧患处境下，统治者对民力确曾比较重视，民众对时政亦可提出一定的意见。然而，这绝不意味着“庶民之权，等于天子”，“百工士庶，咸可尽言于王朝”。从部落联盟向专制国家的转变过程，就是原始民主制逐渐削弱的过程，而专制强人的出现，本就是以牺牲民权作为代价的。夏商时期，庶民可以借龟、筮来谏劝天子、卿士，只是浓重的原始宗教气氛下的产物，统治者敬畏的是天命，而非民意。所以，这种状况绝不表明此时民权有多么普遍。至于周代统治者虽有敬天畏民思想，又何曾让百工士庶到朝廷议政？即使有所谓贵族之民可以参政，他们又哪里能真正代表百工士庶？又怎么能就此侈谈民权？人本主义思想和近代资产阶级提出的民权概念本是两回事，它们虽有相同之点，但又有本质的区别。柳诒徵用近代民权概念反观中国古代的人本主义思想，并从三代统治者的人本主义思想萌芽中演绎出三代时期享有普遍的民权，不能不说是走进了历史的误区。

柳诒徵之所以走进历史误区，主要还是现实的政治动机在作祟。他在

① 柳诒徵：《中国文化史》第一编第十四章《洪范与五行》。
② 柳诒徵：《中国文化史》第一编第二十一章《共和与民权》。

谈论周代民权时，一句话道破了自己的心境，“其言论之自由，或尚过于后世民主之时代也”。原来，他是借颂扬古代民权，痛责号称民主的北洋军阀政府竟不给民众以一点民权！对所谓民主时代民权状况的失望，才促使他转身走向古代，从三代政治的蛛丝马迹中去寻求民权的例证，以启发、教育读者。然而，这种强烈的现实心态，却牵制了他，使他的研究笔触离开了历史实际太远，未能得出符合历史本来面貌的结论。

近代以来，伴随资产阶级的民权观念传入中国的还有民治。柳诒徵出于同样的主观意识，认为中国古代即有民治精神，批评民国政府孤陋寡闻，僵化保守，对地方自治竟不能理解。他说：

> （周代）虽未有民主立宪之制度，而实有民治之精神。[①]
>
> 秦汉之时，人民言论甚自由，而地方之事，多由人民自主，民治且盛于官治也。呜呼，秦以专制，为世诟病，而其时人民转有自治之权，今虽号为民国，而地方自治之说，乃若为政府所骇闻。[②]

秦汉之时，封建主义的中央集权体系尚未完备，中央政令尚难一以贯之，这是事实，但地方政府亦是世家大族把持，哪里谈得上“多由人民自主”；至于周代，又何曾有什么“民治之精神”？这里，柳诒徵着眼于批评北洋军阀政府不肯实行地方自治，转而强调中国早有民治传统，想打着“古已有之”的旗号，为地方自治鸣锣开道，因而犯了同样的曲解历史的错误，这不能不说是学术上的遗憾。

人本主义精神是中国传统文化中最具有代表性和最富有人民性的精神，它在中国历史发展的长河中，曾产生过巨大的积极作用。柳诒徵重视和强调中国传统文化中的人本主义精神，说明他对中国传统文化的精要有着

---

① 柳诒徵：《中国文化史》第一编第二十一章《共和与民权》。

② 柳诒徵：《中国文化史》第一编第二十九章《秦之统一》。

深刻的理解。虽然，他出于强烈的现实动机，将中国古代的爱民、重民、利民事迹与近代资产阶级所倡导的民权、民治作了不恰当的比附，但他本着儒家民本思想的思维轨迹，出于善良的政治动机，对中国传统文化中影响深远的人本主义精神的颂扬，还是值得肯定的。

4.6 忠孝伦理的高扬

中国传统文化，是一种以伦理道德为中心的文化，中国传统文化既然讲的是人学，着重的是人，那么，对人就要有明确的要求。而这种要求，除了政治上要有所谓“为天地立心，为生民立命，为往圣继绝学，为万世开太平”①的博大胸襟；在伦理道德方面，则要追求心性修养的至境，以“修德、弘德”作为终身努力的目标。儒家圣贤孔子所倡导的“道之以德，齐之以礼”②的德治主义，千百年来，不断为饱学大儒们阐释，生发，并逐渐为全社会所认同，因而，中国传统文化也就逐渐形成了与西方文化截然不同的以伦理道德为本位的鲜明特征。

柳诒徵对中国传统文化中内蕴的伦理道德十分重视，把它视为中国先民的立国之本，中华民族开拓天下、沟通异族、历久犹存的灵魂。他说：

> 吾族先民知兽性之不可以立国，则自勉于正义之道，以为殊族之倡，此其所以为大国民也。③

所谓“自勉于正义之道”，即是指个体自觉地修身养性，勉力追求自我完善，以达到一定的伦理道德标准。既然这种积极地向着伦理道德标准的自我追求，是中国先民的立国之本，那么，以后中国的开拓、沟通、延存，自然是其合理的发扬和延伸。

中国传统文化所强调的伦理道德标准，在中国社会发展中确曾起过巨

---

① 张载：《横渠语录》。
② 《论语·为政》。
③ 柳诒徵：《中国文化史》第一编第六章《洪水以后之中国》。

大的作用，柳诒徵的认识是有道理的。不过，中国传统文化中强调的伦理道理本包含有爱人、孝悌、智、勇、恭、宽、忠、信等众多内容，在历史发展的不同时期，不同的学者对各个德目的强调往往有所侧重，而柳诒徵所特别看重的是忠、孝。他认为，忠、孝是中国伦理道德的核心，为此，他在《中国文化史》中特别撰写了“忠孝之兴”一章，对忠、孝伦理进行阐发，并充分肯定了尽忠、尽孝的社会意义。

确实，忠、孝是中国传统伦理道德中最为基本，而内涵最为丰富，又最富有社会意义的内容。《论语·述而》说：“子以四教：文、行、忠、信。”文指的是求知识，行指的是立德行，而“忠、信”两个字则绾带着文、行两个方面，为求知立德所必不可少。孝，为一切伦理道德的基础，孔子说：“孝悌也者，其为人之本欤？”即指做人应从孝开端。以写就“史家之绝唱、无韵之离骚”的《史记》而闻名的汉代史学大家司马迁，其父亲司马谈临死前抓住他的手说：“且夫孝始于事亲，中于事君，终于立身，扬名于后世，以显父母，此孝之大者。”[①]可见，中国古代一直认为，行孝才可齐家，行孝才可佐君治国。无孝，中国传统伦理道德就失去了存在的意义。

由于忠、孝德目十分重要，因而，数千年来，中国封建统治者总是极力强化忠、孝的政治意义，将基本的人伦道德，努力改造成为封建皇权理论服务、为维护正常的封建统治秩序服务的道德工具。封建统治者宣称，忠即忠君，孝即事君。封建卫道士更强调，“君为臣纲，父为子纲”，忠、孝为合于天地之理的名教纲常，为人臣子只能尽忠、尽孝，不能有半点异辞。“君教臣死，臣不得不死；父教子亡，子不得不亡”，似乎是不容得有半分怀疑的规章。于是，忠、孝声名大坏。忠、孝成为愚民的名教戒尺，压迫异己的纲常法网，失去了伦理道德的基本含义。

正基于此，“五四”时期，以反对旧思想、旧道德、旧文化为己任的新文化运动倡导者对封建的愚忠、愚孝进行了大力挞伐。其批判忠君、事君之

① 司马迁：《史记·太史公自序》。

激烈，自不待言，即使对“天下无不是的父母”这样一种陈腐观念，亦进行了强烈的攻击。胡适就曾在《每周评论》上发表过一首题为“我的儿子”的白话诗，抨击“孝道”，说他要叫他的儿子做一个堂堂的人，不要做他的孝顺子孙。

既然，“五四”时期，忠、孝已经受到激烈的批判，那么，柳诒徵为什么还要强调忠、孝？他所认识的忠、孝与新文化运动所批判的忠、孝又有什么不同？

柳诒徵认为，三代所说的忠、孝与后世腐儒所谈的忠、孝，含义不同。三代所说的忠是指效忠同胞，造福群众，所说的孝非仅指从亲之孝，而是指由孝培养巨人长德，从而效用社会国家。他说：

> 夏道尚忠，本于虞。以孔子所言味之，如“忠利之教”、“忠而不犯”、“近人而忠”，则言君主及官吏忠于民者二，而言官吏忠于君主者一。足见夏时所尚之忠，非专指臣民尽心事上，更非专指见危授命。第谓居职任事者当尽心竭力求利于人而已。
>
> 孝之为义，初不限于经营家族，如《孝经》曰：“立身行道，扬名于后世，以显父母，孝之终也。”《祭义》曰：“居处不庄，非孝也；事君不忠，非孝也；莅官不敬，非孝也；朋友不信，非孝也；战阵无勇，非孝也。”皆非仅以顺从亲意为孝，举凡增进人格，改良世风，研求政治，保卫国土之义，无不赅于孝道。[①]

因此，在柳诒徵看来，这种忠、孝具有十分强烈的现实的积极意义。提倡忠于民，则可以“人人至不恋权位，不恤子孙并一己之生命，亦愿尽献于国民而无所惜”。“人人求利于人，而不自恤其私，则牺牲主义、劳动主义、互助主义，悉赅括于其中，而国家社会之幸福，自由此而蒸蒸日进矣”。提倡

① 柳诒徵：《中国文化史》第一编第十三章《忠孝之兴》。

尽于孝，则可以“尽力于社会国家之事，其劳身焦思，不避艰险”[1]，可以使世界各地的华夏子孙“尊祖敬宗”、“报本追远”，“语及祖宗之国，父母之邦，庙祧坟墓之重，则渊然动其情感，而传结维系，唯恐或先”。

柳诒徵在肯定三代忠、孝积极意义的同时，对后世儒生宣扬的愚忠、愚孝进行了批评，认为后世儒生歪曲了三代忠、孝的原意，不能以后世曲解之义来责备先人。他说：

> 后儒不知忠之古谊，以臣民效命于元首为忠，于是盗贼豺虎，但据高位，即可贼民病国，而无所忌惮；而为其下者，亦相率为欺诈叛乱之行，侈陈忠义，而忠义之效，泯焉不可以睹。
>
> 后世方为狭义之孝者，不可以咎古人。[2]

很显然，柳诒徵所强调的忠、孝与“五四”时期新文化运动所批判的忠、孝有着根本不同的含义。在新的历史条件下，柳诒徵本着对中国传统文化精神的热爱，抓住儒家经典中的某些具有积极意义的词句，作了系统的发挥，给忠、孝这似乎伴随着封建专制制度生长，属于旧道德的怪物重新赋予了新的生命，使它在新社会、新文化建设中有了应有的一席之地。谁能说，新社会、新文化建设中不需要培植同胞效忠祖国、为民服务的优良道德品质，造成尊敬父母、维护公德、热爱乡土的优良社会风尚呢？因此，我们决不能不研究柳诒徵所说的忠、孝内容，仅凭他敢冒天下之大不韪，在一片批判忠、孝的声浪中，竟然公开宣扬要行忠尽孝，就匆忙给他下一个开历史倒车的结论。

柳诒徵对忠、孝的理解，并非是对儒家经典的肆意歪曲。实际上，儒家学说中的忠、孝本有着十分丰富的内涵，有着积极向上、促人奋发的合理内核。数千年来，愚忠、愚孝的宣传，只是一些御用学者在封建专制的淫威

① 柳诒徵：《中国文化史》第一编第十三章《忠孝之兴》。
② 柳诒徵：《中国文化史》第一编第十三章《忠孝之兴》。

之下，出于强烈的仕进心态，对忠、孝含义所作出的一种极端片面的解释，以使它进入为封建专制主义服务的轨道，从而掩盖了它固有的积极价值。因此，愚忠、愚孝的宣传，只能说是对忠、孝含义的片面误解，并不能就此否定忠、孝本身在社会伦理道德建设中的价值。柳诒徵拨开历史的迷雾，再现了忠、孝道德的光彩，使它在新的历史条件下，重新有了入世致用的价值，应该说，这是他出于对儒家经典的深刻理解，对儒家忠、孝学说中的合理内核作出的具有独特见解的积极发挥，从而为儒家忠、孝学说的新生做出了贡献。虽然，这种发挥有着浓重的感情色彩和鲜明的时代特色，但它并没有游离儒家学说的核心。

"五四"时期，新文化运动反对忠、孝，虽然未对忠、孝含义作过多的分解，但实际上所反对的只是封建御用学者宣传的愚忠、愚孝，并没有反对效忠于同胞的忠，尽力于国家的孝。可以说，在忠、孝问题上，新文化运动起到了破的作用，廓清了千百年来封建御用学者对忠、孝的片面误解，扫荡了盘踞于人们脑海中的愚忠、愚孝，只是没有重新给忠、孝作出合理的解释；而柳诒徵对忠、孝含义的积极发挥，则起到了立的作用，恢复了忠、孝在社会伦理道德建设中应有的价值。从破与立的意义上说，柳诒徵立起的忠、孝观和新文化运动破除的忠、孝观，相辅相成，有着异曲同工之妙。从历史发展来看，两者在中国近代新文化建设中有着可以等量齐观的功绩。今天，当有人谈论新儒学运动，谈论儒家文化的延展复兴在现代化建设中的积极意义时，请不要忘记，就忠、孝伦理道德观而言，柳诒徵正是新儒学运动的第一人。

行忠、尽孝是社会伦理实现的实践活动，而这种实践活动的基础则源于对行忠、尽孝的自觉认识，在于自身伦理道德修养的提高。儒家的鼻祖孔子一贯主张通过内省，即自我伦理道德的反思，来实现行忠、尽孝等立德的大目标。《论语》中所谓的"吾日三省吾身"[①]，"见不贤而内省也"[②]即是希

① 《论语·学而》。
② 《论语·里仁》。

望人们以自我道德的反省，见贤思齐、努力向善，从一点一滴修养做起，最终达到伦理道德的完善。

柳诒徵高扬行忠、尽孝的旗帜，在实现行忠、尽孝的途径上，也主张就身上做功夫，通过内省、自我道德修炼，来升华伦理道德意识。因此，他对竭力宣扬忠、孝伦理道德纲常，将社会伦理意义上的忠、孝导向于为封建专制服务的愚忠、愚孝歧途上的宋代理学所强调的从身上做功夫的主张，亦给予了一定程度的肯定。他说：

> 洛学之近于禅，朱子虽辨之，而谓就身上做工夫，与六祖相同。唐以降，佛学惟禅宗最盛，及儒学惟理学家最盛之消息矣。就身上做工夫一语最妙，文、周、孔、孟皆是在身上做工夫者。自汉以来，惟解释其文字，考订其制度，转忽略其根本，其高者亦不过谨于言行，自勉为善，于原理无大发明。至宋儒始相率从身上做工夫，实证出一种道理。[①]

这里，我们可以发现一个十分有趣的历史现象，从孔子、宋代理学家到柳诒徵，虽然他们在高扬的忠、孝伦理道德大旗下陈设的货色不尽相同，甚至有很大出入，但他们贴出的指路标却完全相同，即都强调自我修养，以积极的内省，开发道德良知。

细细思量，这种指路标的完全相同并不奇怪，因为，忠、孝伦理道德本属意识形态的范畴，而意识形态虽不能完全脱离经济基础存在，但亦有着相对独立的特性。对意识形态问题，只能依靠自我教育来解决，恐怕是不可违背的必然法则。由此说来，孔子、宋代理学家，柳诒徵主张自反自修，从道德修养入手，提高伦理道德品格，乃是实现忠、孝人伦的必然。

忠、孝伦理是中国传统文化中具有广泛意义和深远影响的道德内容，它植根于自己民族的土壤之中，有着巨大的潜在力量。柳诒徵去其糟粕，扬

① 柳诒徵：《中国文化史》第二编第十八章《宋儒之学》。

其精华，就使它有可能在现实生活中发挥应有的巨大作用。而柳诒徵主张的实现忠、孝伦理升华的修身方法，对思想教育工作来说，亦有着一定的参考价值。

4.7 典章制度的反思

中国传统文化既是重视伦理道德的文化，也是重视制度规范的文化。孔子思想中的最高施政法则，就是强调伦理道德的提高和制度规范的完善。他极力宣称的“克己复礼”，即是一方面强调内心的自省，以实现伦理道德的追求；一方面强调制度的约束，以实现社会行为的规范。而从他把自省作为恢复礼制的手段来看，在孔子心目中，制度规范在某种程度上比内心自省更为重要。正因为如此，典章制度也就成为中国文化中必须充分注意的重要内容。

柳诒徵对中国文化的特色有着充分的了解，因此，对中国历代制定的各种典章制度极为关注。在《中国文化史》中，他不吝笔墨，以大量的篇幅对中国历代典章制度进行了详细的阐述。

柳诒徵在考察历代典章制度时，首先倾心于周代的典章制度。他在《中国文化史》中专门辟出“周之礼制”一章，以《周礼》记载为主要依据，详细勾勒出周代职官、田制、服饰、商政等典制，其中，提出了许多独到的见解。

以考察授田之制为例。他认为，周代田制有三种：一为画地为井而无公田者；一为画地为井而以其中百亩为公田者；一为不画井而但制沟洫者。据此，他批评认为周代曾广行过井田之制，或认为根本无井田之制者，俱未明其实，失于偏颇：

> 论周制者，必先知周代之田有此三种区别，而后知周代有因袭前代者，有因地制宜者，并非举全国方万里之地，限以一种法制，务令整齐划一，不得稍有异同也。迂儒论古，第知有所谓井田，并不细心读书，漫以为周代普天之下，皆为井田；好为新奇之说者，又据古书一二异点，傅以

臆见，直谓古者初未尝有井田，此皆一偏之论也。

井田制为中国古代史上的一大公案，直至今日，认为广行者和未行者们各执一端，论战不休。柳诒徵不为传统说法所囿，也不为新奇说法所动，独辟蹊径，从《周官》、《考工记》等史书，以及前人注疏中，排比梳理，考订思辨，提出了周代田制有三的看法，确实使人耳目一新。虽然，柳诒徵的看法尚未能成为定谳，但他毕竟为人们研究这个历史问题提供了新的思路，而且，从事理推断，其不把周代田制看成整齐划一的思考方法，自较为合理。

柳诒徵对周代典章制度的重视，固然明显表现出他脑海深处尚留着“三代至上”的儒家传统思想的深深印记，但就中国典章制度发展的渊源来看，周代典制确是历代典制发展的源头，用柳诒徵的话来说，就是“集前古之大成，开后来之政教”[①]，而且，上古典制中，也只有周代典制文献记载较为充分，重视周代典制，自然是顺理成章的。

周代典制虽为中国古代典制发展的关键，但近代以来，有关周代典制的真实性却颇受怀疑，一些疑古学者以《周礼》为伪书，断然否认周代的典章制度体系。

柳诒徵在《中国文化史》中承认《周礼》不一定为周公或孔子所作，但他以事理揆度，认为：

> 以其非有来历，断不能冥思臆造，创为此等宏纲细目之书也。[②]

同时，他用《周礼》与《春秋》、《诗经》、《尚书》等上古典籍相核，指出：

> 盖使西周时代，无此一种制度，纯出于战国或汉代儒家之伪造，则

① 柳诒徵：《中国文化史》第一编第十九章《周之礼制》。
② 柳诒徵：《中国文化史》第一编第十九章《周之礼制》。

《春秋》内外传所记，《诗》、《书》所称，一切皆无来历。[1]

他又以《国语》所记单襄公入陈国，对陈国典制不张表示惊讶的史实作证，说：

> 使非春秋以前，周代固有若干典章，列国皆奉行惟谨，举凡朝聘之仪、官司之守，道路之政、田里之制，皆有详细条文，则单襄公对于陈国之腐败，何必骇怪，而伪造此等言论以讥刺之。[2]

很显然，柳诒徵在引用《周礼》时，曾进行过认真的思辨，并非盲目信古，一味以伪书为据。今天学术界已经公认，《周礼》虽伪，其中内容却多少反映了周代的状况，以此反观柳诒徵的推论，则可以看出，他研究这个问题的思路基本是正确的。只不过，他对周代文明过于崇奉，将周代典章制度叙述得过于完备，且有一些不符合历史原貌的颂扬、比附，这是应该引起注意的不足之处。

柳诒徵非但着重于周代的典制，对周代以后的历朝典制，也能够从大处着眼，抓住那些在中国历史发展中有过重大影响的典章制度加以阐述，并力求对其得失、意义提出自己的看法，以启迪读者。

魏晋时期实行的九品中正制，隋唐时期创设的科举制，是中国选举制度的两次重大变革。这两个性质不同的选举制度，不但影响了当时政治的发展，而且在某种程度上造就了不同的社会文化形态。

柳诒徵对九品中正制、科举制的重要性了如指掌，他在《中国文化史》中详细介绍了这两个制度的内容，并且提出了不同凡响的见解。就九品中正制，他在前人评判“重清议”、“徇私情”以外，又提出了一个新义：

> 然其中犹有一义焉，则所谓“绅士政治”是也。魏晋以降，易君如举

① 柳诒徵：《中国文化史》第一编第十九章《周之礼制》。
② 柳诒徵：《中国文化史》第一编第十九章《周之礼制》。

棋，帝王朝代之号，如传舍然。使人民一仰朝廷君主之所为，其为变易紊乱，盖不可胜言矣。当时士大夫于无意之中保守此制，以地方绅士操朝廷用人之权，于是朝代虽更，而社会之势力仍固定而不为摇动，岂惟可以激扬清浊，抑亦可以抵抗君权也。九品中正之弊，专论门第，则高位显职，皆为世族子弟所得，虽无世袭之制，实有阶级之分。[①]

就科举制，他特别强调其使平民均享政权，以及有关社会进化的政治作用：

九品中正之弊，致成贵族政治，矫之以科举，而平民与贵族，乃得均享政权，是亦未始无关于国家社会之进化也。[②]

有关九品中正制、科举制的阐述，只是柳诒徵对历代许多重要典章制度进行反思的一例。在这些反思中，柳诒徵对历代重要典制的分析，大都能如同所举之例，单刀直入，举要而论，切中肯綮，发人所未发，或有助于人们透过历史的表面现象，看清问题的实质；或开人们的思路，供来者作进一步的思考。

近代以来，西方法治观点传入我国。人们在西方社会法纪森严，“法律面前人人平等”的表象面前，深感中国法治的不足，还在清政府执政之时，就已萌动了法治的愿望；辛亥革命以后，民国建立，人们出于对封建专制独裁的憎恶，更强烈地要求以法治国，建立真正法制社会的呼声日益高涨。柳诒徵就亲身感受到，“清季迄今，变迁之大，无过于法制”[③]。出于对现实的关注，柳诒徵在研究中国古代典章制度时，对法制特别留意。

柳诒徵认为，中国早在周代就有了较为严密的法制体系，所谓“周代政治，以法为本”。只是到了后代，周代典制渐衰、法制渐泯，才出现了民吏

① 柳诒徵：《中国文化史》第二编第六章《选举与世族》。
② 柳诒徵：《中国文化史》第二编第六章《选举与世族》。
③ 柳诒徵：《中国文化史》第三编第十七章《法制之变迁》。

不知法，人治抬头的现象。在他看来，周代是治理井然，官吏清廉，民遵法纪的理想社会，而之所以出现如此太平盛世，主要就在于周代法制井然，教法有方。

> 第就官联一法观之，即可知其立法之精密，于组织之中，寓互助之意，既以泯其畛域，且使互相监视，不使一机关独断一事，而遂其营私舞弊之谋。
>
> 周之官府，最重会计，日有成，月有要，岁有会，三岁又有大计，其出入皆有式法，四国之治，无不周知，故官吏皆知尚廉而畏法。
>
> 全国之法，岁首悬于象魏，纵民观览十日，而乡遂诸官，则时时教民读法……乡遂之民，无人不熟读法令，自无干犯法纪之事。[①]

柳诒徵关于周代法制状况的阐述，显然过于理想化，并非历史的真实。不过，他之所以要如此说，并不仅仅出于对周代文明的崇拜。作为一个有强烈民族自尊心的爱国学者，在少数人肆言西方文明，吹捧西方法制的情况下，他力图证明法制并非西方的专利，中国早就有之，周代就是法制社会的样板，中华民族一贯有注重法制的传统，而不是混沌麻木，不知法制的愚昧之辈。

当然，这还只是他极言周代法制的潜台词的一个方面。另一方面，他要借此抨击空言法制，而不依法办事的北洋军阀政府。他在谈及周代法制所得时，一再联系现实，指出：

> 非若今之武人外吏，横揽财权，中央莫敢谁何，一任其贪黩恣肆，而惟恃外债以填其欲壑也。
>
> 此岂空言法律，而尚不知现行之法为何物者，所能比哉。[②]

① 柳诒徵：《中国文化史》第一编第十九章《周之礼制》。
② 柳诒徵：《中国文化史》第一编第十九章《周之礼制》。

就明白表露出他针砭现实的政治用心。

柳诒徵是重视历史为现实服务的。他在中国推翻了封建专制王朝，逐步向法制社会迈进的历史背景下，用笔人为地塑造起周代这样一个古代法制社会的楷模，就是要明白告示人们一条历史的经验：注重法制，以法治国，社会必然昌明。为了从反面说明问题，他还揭示出历代不重视法制的恶果，如他指出：

> （元代）当时法令杂乱，家自为政，实极无法之弊。[①]

以此警戒当世。出于对建立法制社会的殷切企盼，他在总结中国古代法制经验的同时，还热切地呼吁加强全民法制教育：

> 世界日新，吾国人理想中之法律亦随之日新。然理想进步，事实殊不能与之相应，有全民表决之制，而全民不知者，殆十八九，是则不能不有待于教育之普及也。[②]

典章制度与伦理道德是中国传统文化体系中的两条主脉，柳诒徵对中国古代典章制度的反思与伦理道德的阐发相配合，就在复杂的文化现象之中，抓住了纲要，拎起了中国传统文化的大网。由此不难看出，他对中国传统文化的理解力和洞察力。

4.8　文化成果的评判

中华民族是勤劳勇敢、富有智慧和创造力的民族，在世界文明发展史上，曾取得过许多举世瞩目的文化成就，对世界文明做出了巨大贡献。研究中国文化，应该理所当然地展示这些文化成果，并作出实事求是的评判。

然而，全面揭示和准确评判中国古代的文化成果并非易事。一方面，中

---

① 柳诒徵：《中国文化史》第二编第二十一章《蒙古之文化》。
② 柳诒徵：《中国文化史》第三编第十七章《法制之变迁》。

国文化源远流长，内容极为丰富；另一方面，中国儒家文化历来重道轻艺，即注重人文与社会学科的发展，而轻视历算、医药、制造等自然科学。因此，要全面揭示和准确评判中国的古代文化成就，首先要破除传统偏见，以较为科学的眼光去重新审视前人耕耘的成绩。同时，还要善于撷取，在数千年历史长廊中，从林林总总的文化现象中，敏锐地发现那些足以代表中国文化，具有典型意义的成果。

柳诒徵虽是受儒家文化影响较深的学者，但他毕竟生活在科学已经昌明的时代，对自然科学的重要性已经有了深刻的认识，因而，他能够摒弃传统的偏见，而且，他本是具有博观约取能力的专家，所以，当他带着民族自豪感，带着弘扬中华文明的责任感，走进历史悠久的中国文化殿堂时，就能够本着对中国文化的敏锐洞察力，准确地捕捉住中国文化发展中的成果，并评判出这些成果所具有的历史意义。

柳诒徵对中国文化的人文与自然成果的全面认识，在其总体评判不同朝代的文化贡献时表现得十分具体。

汉、宋两代在人文科学与自然科学方面曾产生过不少杰出的人物，有过不少闻名于世的创造发明，在我国人文学与科技发展史上有着重要地位。然而，由于中国历来重视政治教化，人们看待汉代，往往只看到汉武帝独尊儒术，以为经义训诂之学足以统盖汉代一朝之学；而谈到宋代，往往只看到国运衰退，理学昌行，对其他方面都不太重视。柳诒徵却不为陈见所囿，全面衡量了这两个朝代的人文科学和自然科学的成就，就总体评判这两个朝代对中国文化发展所做出的贡献，提出了独到的见解。他说：

(两汉)姑就著于世者，比而论之，其学术文艺，犹有千门万户之观，是可知汉人于吾国之文明，既善继往，兼能开来，非如后之言汉学者，第以经义训诂为一朝之学也。

盖汉人之学，皆重实验，积往古之学说，因当时之风气，遂有发明制造之专家，恶得以其器之不传，遂谓汉学无足称哉！[1]

两宋之时，汉族对外之力固甚薄弱，至于元末，则全体受制于蒙古，益似无发展之余地矣。然详考其时之文物，则仍继续进步，缅缅不休，文学、工艺、美术、制造，无不各有所新创。综其整体论之，宋代民族审美之风，实又进于唐代，任就何事观察，皆可见其高尚优美之概，不得谓宋人讲理学，偏于迂腐鄙朴，而薄文艺不屑为也。[2]

三国时期，战乱频仍，社会发展延缓，似乎无文化成就可言，柳诒徵却别具慧眼，在备受战火摧残的文化领地中，看到了天文、算学、地图学的进步，以及各项制造发明，从而指出“三国以来，学者之务实用”，并由此得出了“盖历史现象，变化繁赜，有退化者，有进化者，有蝉嫣不绝者，有中断或突兴者，固不可以一概论也”[3]这样一种带有普遍意义的结论。

柳诒徵有关具体朝代文化贡献的总结性评判，体现了他对中国文化成就的卓越认识。而他的这种卓越认识，对于人们了解中国古代某一时期的文化成果具有指导性的意义。它不但有助于人们全面把握某个具体朝代的文化成果，而且有助于人们认清这一时期文化成果的重点和特色。

柳诒徵是研究人文科学的，对自然科学不甚精通，但他十分重视炎黄子孙数千年来的科技结晶，举凡有意义的创造发明，有贡献的一人一技，录之唯恐不及，弘扬唯恐不力。

他在《中国文化史》中，以朝代先后为序，以十分简洁的笔法将历朝重要的科技成果作了一番巡礼式的揭示，并点明了这些成果的价值。如谈及汉代，他指出，后汉有了蔡侯纸，“是实吾国文化之一大利器也”；张衡制作“浑天仪”、“地动仪”，“尤为汉代一大事”；华佗发明“麻沸散”，张机惟恃诊脉处方之术治病，“是汉代实古今医法变迁之枢”。谈及唐代，他指

① 柳诒徵：《中国文化史》第一编第三十二章《西汉之学术及文艺》。
② 柳诒徵：《中国文化史》第二编第二十三章《宋元间之文物》。
③ 柳诒徵：《中国文化史》第二编第七章《三国以降文物之进步》。

出，李淳风、梁令瓒等人制作浑天仪，“史称其精博，后世不能过”；瞿昙罗、瞿昙悉达等制历书，“尤唐代历算学之特色矣”。谈及宋代，他指出，韩公仪制仪象，“吻合躔度，最为奇巧”；秦九韶著《数书九章》，“发明立天元一法，尤为有功于算术”；以火药制炮为战具，“开后来世界火器大兴之局，故论利用炮火以为战争利器者，不得不首推吾国也”；海商多用指南针，“固自早于欧人也”。

由于自然科学知识的局限，柳诒徵对中国古代的科技成果的叙述缺少系统性，显得较为零散。不过，在当时的历史条件下，他为弘扬祖国的科技文化成果，确是尽到了努力。他以自己的认识所及，在祖国文化遗产的土壤中辛勤挖掘，发现了最有代表性的晶莹剔透的科技宝玉，从而勾画出了一幅较为详细的中国古代科技成果的历史画卷，使人们对中国文化的独特创造力有了更深的认识，在所谓中华文化危机之中，坚定工人们的民族自信心。而他就每项科技成果所作出的断语，虽然简短，但评判恰当，蕴意丰赅，也足以令人回味。

如果说，由于个人的知识结构，柳诒徵对中国古代自然科学成果的评判还不够系统、充分的话，那么，他对中国古代人文科学成果的评判则驾轻就熟，做到全面融会，画龙点睛。

中国人文科学的门类很多，诸如目录学、经学、史学、文学、语言文字学等，柳诒徵对这些学问都有相当的研究，有一定的造诣，因此，他能够删繁就简，简明扼要地点出各个朝代这些学科的主要成果，及其在本门学科发展中的意义。虽然，他是以断代的方式来评判人文科学主要成果的，但由于他做到了在发展线索中去把握断代成果，从而笔断意不断，各门人文学科的成果断代相连，宛如一串串光彩夺目的珍珠。这里，不妨移录其有关三国、唐、宋、元、明诸代文学成果的叙述，以求窥一斑而知全貌。

> 盖古之学者，以学为文，未尝以文为学。汉魏以下，经学之学衰，而文章之术盛，作者如林，不可殚述。专就文学论，实以斯时为进化之极轨，

色泽声调均由朴拙而日趋于工丽，无间南北，翕然同声。[①]

唐人尚文学，学者必精熟《文选》。然唐人能变选文之文，而自开风气，由模仿而创造，备极文章之能事，故论文与诗，莫盛于唐，虽其风气迭变，作者代出，未可以一概论。要以杜甫、李白之诗，韩愈、柳宗元之文，极雄奇深秀之致，前无古人，后无来者，足为有唐一代特色。至其体制，由排偶而单行，由浮华而质朴，而律诗、绝诗诸体，又以谐协声律擅长，虽齐、梁人之讲声律者，尚不之逮，则进化之表，见于文艺者也。[②]

宋、元之诗文家极多，稽其数量，倍蓰于唐，而其作品又多别开户牖，能发唐人之所未发。宋之散文大家，三倍于唐之大家，诗与四六又皆有特造之境……宋、元文学之特产，尤有三焉：曰词、曰曲、曰小说。[③]

今人以小说为纯文学，则明代小说之盛，当轶于古文之价值也。元代传奇以质朴胜，即最有名之《西厢》、《琵琶》诸记，亦多质过于文。至明之汤显祖、阮大铖等所编传奇，则综各种文体，皆入词曲中，尤可见文艺之进化。[④]

各代判语，文简意长，一脉相通，简直就是一份中国古代文学成果的清单，一篇中国古代文学发展史纲要。

中国文化是屹立于世界文化之林的一棵大树，它挺立数千载，开出了无数繁花，结出了累累硕果。作为一个中国文化的研究者，就像一个画家要描绘这棵大树，如果只画树干，必然展示不出这棵大树的生命活力，而只有画出这些繁花、硕果才能真正显现出这棵大树的旺盛品格。柳诒徵有关中国传统文化成果的评判，就是描绘这棵大树的神奇一笔。因此，可以说，他是真正懂得描绘中国传统文化这棵大树的画家。

---

① 柳诒徵：《中国文化史》第二编第七章《三国以降文物之进步》。
② 柳诒徵：《中国文化史》第二编第十三章《隋唐之学术文艺》。
③ 柳诒徵：《中国文化史》第二编第二十三章《宋元间之文物》。
④ 柳诒徵：《中国文化史》第二编第二十六章《明之文物》。

4.9 教育经验的总结

任何文化的延续都需要薪火相传，而这相传的薪火就是教育。教育使旧的文化传留，使新的文化诞生，使一个民族的文化在传留、诞生的交替中，不断积累、丰富。教育是文化繁衍的催化剂，也是文化体系中的一部分。教育的发展，有着丰富的文化内涵，它既代表着一种文化的延续，又体现出一种文化的内在精神。

柳诒徵是在身兼教育之职的情况下研究中国文化史的，自然对教育在文化传播、发展中的价值有更深切的体会，而且，他所生活的时代，正是人们普遍感到必须振兴教育，以使国家赶上世界先进行列的时代，"社会之心理，殆皆公认学校为民族文化之一大事"[①]。因此，他对中国古代教育状况特别留意，在《中国文化史》中详细介绍了各代教育状况，对其教育经验进行了总结。

重视教育，本是中国的优良传统，也是中国传统文化的特色之一。在几千年的历史发展中，这个古老的国度曾出现过多种办学形式，积累了丰富的教育经验。柳诒徵对此进行了系统的考察，认为从唐虞时代起，中国就有了较为完整的教育体系，有了普通教育与专门教育，沿至周代，教育更加发达，国家与地方都积极兴办教育；而国家与地方所办教育的内容又有所分别，国家教育专重文化，地方教育则兼行职业。他说：

> 唐虞帝国之官，司教育者有二职：盖一司普通教育，一司专门教育也。普通教育，专重伦理，其施教之法不可考。专门教育，则有学校，其学校曰"庠"，亦曰"米廪"。[②]
>
> 周代教育，分乡遂与王朝二途，犹今地方教育与国家教育之别也。王朝掌教育之官，曰师氏、保氏、乐师，则掌小学教育者也；曰大司乐、大

---

① 柳诒徵：《中国文化史》第三编第十九章《最近之文化》。

② 柳诒徵：《中国文化史》第一编第十一章《唐虞之政教》。

胥、小胥、诸子，则掌大学教育者也。

乡学之教，曰乡三物，遂大夫复兼教稼，则文化教育兼职业教育也。[①]

普通教育、专门教育、国家教育、地方教育、职业教育，都是近代西方教育体系传入我国后出现的教育术语，其内容与我国上古教育的实际状况不尽相同，柳诒徵以其与我国上古教育进行比附，其目的除了要阐述我国教育的悠久历史外，还试图说明这些近代西方的办学形式，我国早已有之，中国人并不愚笨，中国的教育事业本不落后。

诚然，中国的教育事业本不落后，但为什么这本不落后的教育事业并没有能使这古老的泱泱大国赶上近代发展的潮流，领先于西方列强，反而落得个被动挨打的可悲局面呢？这其中固然有着多种因素，但教育方面的经验教训显然也是值得认真总结的。

近代以来，不少有识之士经过认真思索，认为明清时期将教育与科举紧密挂钩，诱导学生埋首八股文，一心钻故纸堆，废弃实务，是中国教育发展的一大失误。而这一失误，在相当程度上导致了中国实用人才匮乏，科技落后。

柳诒徵也同意这种看法，但他认为明代初年办学并非仅重时文，而是相当注重实务，注重在社会实践中培养实干人才，并做到了因实干之才选任官吏。只是以后浮文日盛，初衷渐改，才使明初善制废弃。

观明初国学之制及国子生之盛，殆远轶于唐宋。各地士官，及日本、琉球、暹罗诸国，皆有官生入监读书，其学生最盛时，几及万人，而整理田赋、清查黄册、兴修水利等事，皆命监生为之。或缮写书籍，或学习翻译，或以特事遣使，或以巡狩从行，而分部历事，随时任官，尤为重视。盖明之国学，第为储才之地，并无毕业之期。以师儒督其学，以世务练其才，随时选任，不拘资限，斯实从古以来，唯一重用学校人才之时代。世

① 柳诒徵：《中国文化史》第一编第十九章《周之礼制》。

徒以明祖定八股试士之制，遂谓其欲使天下英雄腐心于无用之空文，岂知当时事实并不如是……惜其后学生仅务考试，而埋首于时文，明初善制以渐而废。①

明初教育与后世不同，这是柳诒徵细心研究明代教育状况后的发明，这一发明十分重要，它破除了陈旧观念，揭示出明初教育注重实务的实际情况，为人们进一步把握明代教育的发展，以及全面研究中国古代教育史提供了参考。它也具有现实的借鉴意义，即学校人才并非不可用，而是应该用；教育的关键在于用什么样的方式去培养人才；学校应重视社会实践，培养懂得实务、了解社会的人才，而不能让学生埋首时文，荒废实务。

柳诒徵在对我国古代教学机构的研究中，特别看重非官立学校的书院。在他看来，宋、元以来的官学"多近于科举，不足厌学者之望，师弟子不能自由讲学"②，而书院独立于官府之外，讲学自由，经济上又可独立，最符合近代教育家的要求。他说：

宋时州、县学校，皆有田产，以赡学者，然以属于官吏，亦可为强权所夺。若书院之创自私人者，其田产当然属于书院，不至为政府没收，第须规划完善，经理得人，其事反视官立学校可恃。故当时定令，各地虽皆有学校，而士大夫仍于学校之外，增设书院，不以并行为病，是亦书院与学校异趣者也。呜呼，讲学自由，经济独立，非今日学者所渴望者乎？③

在我国古代，书院与官立州学和县学在课程设置、教学内容、教学方法、师资延聘方面确有很多不同。然而，柳诒徵却特别强调书院的讲学自由、经济独立，其中殊有深意。因为，民国以来，教育虽有发展，学校日渐增

① 柳诒徵：《中国文化史》第二编第二十六章《明之文物》。
② 柳诒徵：《中国文化史》第二编第二十二章《宋元之学校及书院》。
③ 柳诒徵：《中国文化史》第二编第二十二章《宋元之学校及书院》。

多，但北洋军阀政府为了建立军阀独裁，千方百计地想控制民众思想，垄断舆论，因而不时插手学校，克扣学校经费，干扰讲学自由。柳诒徵对此深有感受，热切盼望学校能摆脱北洋军阀政府控制，走上讲学自由、经济独立的道路，所以着意总结出中国古代书院这两条办学经验，以表明在中国历史上，讲学自由，经济独立，“固有前规”，并非近代学者毫无根据的追求，以此告示执政当局，并鼓舞学者为实现这一目标而奋斗。

柳诒徵一贯认为，教育是关系到国家兴衰的头等大事。他在《中国文化史》中阐述西周勃兴时，就将周室代商归结于周室从殷商发达的教育体系中受益，聚集了大量人才，并借此提高了辖境内民众的素质。他说：

> 殷商之世，教育发达，其人才多聚于周，而周遂勃兴。……男女贵贱，皆有才德，故其国俗丕变，虞芮质成，相形而有惭色，此周室代商最大之原因，故知虽君主时代，亦非徒恃一二圣君贤相，即能崛起而日昌也。[①]

周室代商是各种历史因素作用的结果，并非仅仅在于周室能网罗人才，但柳诒徵却非常显著地突出了人才的作用，并将人才培养、民风转变与教育联系起来，无疑是在极力强调教育的重要，强调教育是关系到人才培养的大计，而人才培养则关系到国家的未来，以引起人们对教育作用的共鸣，提高对教育地位的重视。

历史是现实的镜子。柳诒徵着力总结中国古代的教育经验，极力强调教育在国家兴衰中的作用，其着眼点还在于中国的未来。他在《中国文化史》最后一章中明确申言“最近之文化，当以学校之教育为主”[②]，就向世人敲起了警钟，昌明中国文化的关键，乃系于学校教育的兴衰！

---

① 柳诒徵：《中国文化史》第一编第十八章《周室之勃兴》。
② 柳诒徵：《中国文化史》第三编第十九章《最近之文化》。

4.10 对孔子的尊崇

谈论中国传统文化，免不了要说到那位出生于鲁国陬邑昌平乡的孔子。因为，孔子以他的思想和学术成就，以及他所培养的传名后世、开创未来的弟子，在中国文化史上树起了一座巍峨的丰碑；以他思想为核心的儒学，千百年来，影响着整个中国社会，无论是在政治体制，还是日常观念、心理结构等基本方面，都居于不可动摇的支配地位；而历代封建帝王出于政治的需要，对他所进行的不断晋级加封，更使他笼罩上一层层圣灵的光圈。在中国封建社会中，道、学、政的扭结，已使孔子与中国历史文化紧密地联系在一起，犹如血肉一样不可分离，以致在不少具有传统思想的学者看来，孔子就是中国传统文化的生命。

然而，近代以来，随着西方科学技术与文化思想的传入，以及中国社会性质的转变，孔子的历史文化地位受到了动摇。清末民初，已有不少学者或视孔子为教学者的先师，或视孔子为建制立法的学者，或视孔子为著述史书的史家，将其从人们心目中的至圣回复成一个普通的学者。"五四"时期，当"民主与科学"的号角吹响时，孔子因与封建礼教有脱不净的干系，更一变成为历史的罪人，受到新文化运动的猛烈攻击。被誉为"四川省只手打孔家店的老英雄"的吴虞，发表了许多尖锐泼辣的文章，非孔非圣，恨不得一下子扫清"孔渣孔滓"。胡适也尖锐地抨击孔子，言辞激烈地写道：

> 这个道理最明显，何以那种种吃人的礼教制度都不挂别的招牌，偏爱挂孔老先生的招牌呢？正因为二千年吃人的礼教法制都挂着孔丘的招牌，故这块孔丘的招牌——无论是老店，是冒牌——不能不拿下来，捶碎，烧去。[①]

在一片非孔非圣的声浪之中，柳诒徵在《中国文化史》中是怎样评价孔

① 胡适：《吴虞文录序》，载《胡适文存》卷4。

子？怎样认识孔子在中国文化发展中的历史地位的呢？

柳诒徵对这位儒学的奠基者是尊崇的。他说：

> 孔子者，中国文化之中心也。无孔子则无中国文化。自孔子以前数千年之文化，赖孔子而传；自孔子以后数千年文化，赖孔子而开，即使自今以后，吾国国民同化于世界各国之新文化，然过去时代之与孔子之关系，要为历史上不可磨灭之事实。故虽老子与孔子同生于春秋之时，同为中国之大哲，而其影响于全国国民，则老犹远逊于孔，其他诸子，更不可以并论。[①]

不过，此时柳诒徵对孔子的尊崇，已与他在撰写《历代史略》时对孔子虔诚地盲目崇信大为不同。在《中国文化史》中，他没有把孔子看成如同象征神圣理想天国的基督教教堂中的耶稣，或象征庄严西方乐土的佛教庙宇中的释迦牟尼，反而，他对视孔子为儒家教主的做法大有异议，更对封建帝王、御用文人利用孔子愚弄人民，束缚民众思想表示不满。他说：

> 盖自汉以来，虽已举国崇拜孔子之教，而立庙奉祀，近于宗教性质者，乃由人心渐演渐深，踵事增华之故，初非孔子欲创立一教，亦非仅一二帝王或学者假孔子之教以愚民也。[②]

柳诒徵认识孔子，是把他置于中国文化发展的历史长河之中，从承前启后的历史文化地位来考量的。在他看来，孔子之所以成为“东方文化之祖”，并非在于民众的崇念，或封建统治者的吹捧，而主要在于他做出了总结过去、开启未来的巨大的文化贡献。

在总结过去方面，他认为，孔子删订了《诗》、《书》、《礼》、《乐》、

---

① 柳诒徵：《中国文化史》第一编第二十五章《孔子》。
② 柳诒徵：《中国文化史》第一编第二十五章《孔子》。

《易》、《春秋》，并采用以述为作的方式，给这些古代文献涂上了政治和伦理的色彩，赋予了这些古代文献以新的意义，从而在文献上奠定了中国文化的基础，使中国文化得以承继先民的创造而继续发展。“然其著述之功，关系绝巨……使任其放佚，则浸衰浸微，古代之文化复何从考见乎？”[①]

在开启未来方面，他特别看重孔子的理想人格学说、恕行之道，以及教育思想。

柳诒徵对孔子的理想人格学说大加赞颂。他认为，孔子办学的目的，就在于完善自己的人格；而其倡导的理想人格正是孔子对人类文明发展的最大贡献。他说：

> 孔子办学之目的，在先成己而后成物。其成己之法，在充满其心性之本能，至于从心所欲不逾矩之境，而一切牖世觉民之方，乃从此中自然发见于外。
>
> 孔子之学，首重者曰“成己”，曰“成人”，曰“克己”，曰“修身”，曰“尽己”，其语殆不可以缕举。惟其以此为重，故不暇及于外，而怨天尤人之意，自无自而生。其遇虽穷，其心自乐，人世名利，视之淡然。自孔子立此标准，于是人生正义之价值乃超越于经济势力之上。服其教者，力争人格，则不为经济势力所屈，此孔子之学最有功于人类者也。人之生活，固不能不依乎经济，然社会组织不善，则经济势力往往足以锢蔽人心理，使之屈伏而丧失其人格。其强悍者，蓄积怨尤，则公为暴行，而生破坏改革之举。今世之弊，皆坐此耳。孔子以为人生最大之义务，在努力增进其人格，而不在外来之富贵利禄，即使境遇极穷，人莫我知，而我胸中浩然，自有坦坦荡荡之乐。无所歆美，自亦无所怨尤，而坚强不屈之精神，乃足历万古而不可磨灭。儒教之真义，唯此而已。[②]

① 柳诒徵：《中国文化史》第一编第二十五章《孔子》。
② 柳诒徵：《中国文化史》第一编第二十五章《孔子》。

毋庸置疑，理想人格学说是孔子学说中的核心。孔子一生提出过许多学术主张，他所说的“不怨天，不尤人，下学而上达”，“君子义以为上”，“士不可以不弘毅，任重而道远”等一系列修身向善的人格语言，却构成了一个完整的理想人格体系，成为规范人们价值取向和行为方针的指南。孔子的理想人格学说第一次在中国人的主、客观世界中有意识地开辟了一个内在的人格世界，为人们选择行为规范和追求理想人格，提供了理论依据，因而奠定了整个孔子学说在中国历史文化中的地位。

孔子的理想人格学说中蕴含许多民主性的精华。如柳诒徵所强调的安贫乐道、自强不息，就是中华民族优秀文化中的宝贵的精神财富。在数千年的历史长河中，这些精神财富，一直激励着正直的人士积极向上，奋发进取，从而造就了一大批名标青史的德行卓著的正人君子，造就了一大批为人类进步做出巨大贡献的思想家、艺术家、科学家，给悠久的中华文明增添了耀眼的光辉。这些宝贵的精神财富理应被后人重视，并让它在现代化建设中放射出永不枯竭的生命之光。

从中国历史发展来看，柳诒徵对孔子理想人格学说中的民主性精华的肯定，无疑是极为正确的。当然，我们应注意到，柳诒徵对安贫乐道、自强不息的人格境界的重视，固然出于他敏锐的理性认识，同时，也出于切身的生活体验。我们只要想到，他是从一个家无父主、贫弱难支的生活环境中靠理想力量的前导，凭顽强的意志力，奋发向上，自立成才的，就可明了安贫乐道、自强不息的人格境界，本就是他一贯追求并得以实现的人格境界。难怪乎，他要高唱“儒教之真义，唯此而已”。

柳诒徵对孔子倡导的恕行之道推崇备至，认为如果恕行之道昌行，则人类俱将相安和平。他说：

> 《周书》始言恕，而未详言其法，至孔子始推演之，以为终身可行之道。对于子臣弟友，上下左右，一以恕待之。盖人类之相处，最难各得其平处，处以责人之心责己，则平心静气。于人毫无怨望，而人之对我亦必出于和平，充其功效，岂惟一人可行于世，使举世行之，则举世之战争、

奋斗、猜疑、欺诈，种种不德，皆可蠲除，而全体之人类，咸相安而遂其生矣。[①]

恕，以己之心推想他人之心。恕行之道，即本着修身克己，处处为他人着想的处世之道。从孔子看来，恕是为人行事的起点，如果每个人都能克己忍让，友于他人，怀着“己所不欲，勿施于人”的恕行精神，向“博施济众”的人格境界迈进，那么，兼爱天下、世界大同就不是一种不切实际的空谈。

孔子倡导的恕行之道，虽然充满着理想化的色彩，但它毕竟表达的是其追求社会和谐、安宁的善良愿望，本无可厚非，而且，它重视人伦日用间的生活实践，强调把自我修养放在首位，把人际间的协调看成是实现社会安定、发展的基础，自然有着合理的因素。因此，柳诒徵对孔子恕行之道的推崇，应该说是有道理的。不过，柳诒徵过分强调了恕行之道，不顾主、客观条件，把实行恕行之道视为达到人类相安的唯一法门，就不免走向了极端。

柳诒徵从小就接受了恕行之道的教育，当他还在母亲膝下读书时，他母亲就教诲：为人要宽恕、忠厚，作诗作文，不可“攻讦他人，触犯忌讳”[②]，因此，他一直谨记在心。而当他写《中国文化史》时，国际上第一次世界大战刚刚结束；国内，军阀之间的混战有增无减，这一切都使他感到人类和平、安宁的必要。明乎此，我们就不难理解，他为什么竭力推崇孔子倡导的恕行之道了。

柳诒徵对孔子的教育思想，主要是肯定其注重开发民智，以发挥人的潜能去改造客观世界，而不在于教授一技一能的合理内核。他说：

教育之功，至于尽物性，参天地，则不独为一时一世之人群谋矣。极巨之效，由极简之法而生，所谓宇宙内事，皆性分内事也。吾国古代圣人之思想，常思以人力造天地，其功既见于此数千年之大国，而其义犹

① 柳诒徵：《中国文化史》第一编第二十五章《孔子》。
② 柳诒徵：《我的自述》，载《柳翼谋先生纪念文集》。

未罄万一。后人准此而行，则所谓范围天地，曲成万物者，无不可以实现，正不必以国家人类为界，而区区于知识技能以为教育之大事者，抑又不足深论矣。[①]

孔子确实是主张教育不应仅是具体知识的传授，而是应通过教育来发展、完善人类自身，从而达到改造客观世界之目的。一位外国学者就曾比较过世界古代四大文明发祥地的四大思想家，即中国的孔子、印度的释迦牟尼、希腊的苏格拉底和希伯来的先知，指出：以人的转化而言，苏格拉底所要求的是思想上的转化；耶稣所要求的是对上帝意志的奉献；释迦牟尼所要求的是沉思以及与沉思相配合的生活方式；而孔子所寄希望的则为教育过程，而且，这种教育不仅仅是知识的传授。[②]从这位外国学者评价中，我们不难看出，孔子这种注重人的转化的教育思想的巨大意义。

柳诒徵是一个教育家，对教育的基本宗旨，即开拓人类的思维、提高人类自身素质，有深刻的理解，因此，他能够从孔子有关教育的众多言辞中，锋刃直入，提取出最有价值、最足以代表孔子教育思想的要义，加以发挥升华，以廓清人们对孔子教育功绩的模糊认识，并期引起关注中国文化发展者的深思。

“五四”以来，有关孔子的评价一直是文化斗争的焦点，反孔与尊孔，犹如水火，互不相容。柳诒徵在《中国文化史》中对孔子表示了尊崇，当然也就受到了一些反孔人士的责难，以后，随着历史的风云，更成为非议的口实，似乎顺理成章地被打入了复古主义者的行列之中。

诚然，“五四”时期掀起的反孔风潮，对中国社会的进步有着积极意义，它在反对旧伦理、旧道德，树立民主、科学的新伦理、新道德，解放人们思想方面，有着不容置疑的巨大贡献。但是，“五四”时期的反孔，在很大程度上是出于对独夫民贼袁世凯、张勋之流利用孔子招牌蛊惑人心，想

---

① 柳诒徵：《中国文化史》第一编第二十五章《孔子》。

② Karl Jasper，The Great Philosophers.（New York：Harcourt Brace and World Inc 1962）

颠覆共和、复辟帝制的革命义愤，出于要铲除封建专制政权基础的政治动机。如陈独秀猛烈炮轰孔教与孔子，看重的就是“孔教与帝制有不可离散之因缘”。他指出：

> 孔教与共和乃绝对两不相容之物，存其一必废其一……盖主张尊孔，势必立君，主张立君，势必复辟，理之自然，无足怪者。①

由于反孔者现实的政治动机太浓，因而对孔子的政治思想和学术成就缺乏深入细致、实事求是的分析，流于表面化的批评，甚至将孔子等同于儒教，等同于封建主义，将他全盘抹杀，一棍子打倒，这样就不免失之偏颇。

柳诒徵研究的是中国文化史，当然需要从中国文化发展的角度，对孔子进行实事求是的分析，作出理性的评判。从他对孔子的评价来看，他基本抓住了孔子学说中值得弘扬的精华。虽然，这些精华的提炼，主要是基于他个人的生活体验和理性认识，还很不全面；而且，带有过度的主观色彩，有溢美崇扬之处，但基本精神还是可取的。

① 陈独秀：《复辟与尊孔》，《新青年》第3卷第6号。

第5章　推寻中国史学的奥秘
——《国史要义》

柳诒徵一生致力于中国历史，早年着力编写历史教材，中年专注于文化史研究，步入晚年后，由博返约，凭其对中国历史的深刻认识，转而以主要精力研讨中国史学，总结中国史学理论。1942年，他冒着抗战的烽烟跋涉至重庆，接受中央大学柏溪分校的邀请，即开始为研究生专门讲授中国史学原理。以后，这部分成史原、史权、史统、史联、史德、史识、史义、史例、史术、史化等十题的讲稿，汇成了《国史要义》一书，1948年2月由中华书局印行。

当时，由于国民党反动派发动的内战，全国正处于一片战火之中，因而，柳诒徵的这部凝结了他一生研究中国史学心血的理论专著发行量不大，未能引起史学界的足够重视。然而，正是在这部史学理论专著中，柳诒徵较为全面、系统地总结了中国史学发展，在前辈史家论述的基础上，提出了许多有启发性的独到见解，对阐释中国史学的起源、史书编纂、史家修养、史学功能，以及历史研究法，做出了重要贡献。

5.1　发微救偏的奇作

众所周知，中国是一个历史悠久的文明古国，而与这文明古国的悠久历史同样值得骄傲的，就是有着悠久历史的历史学。在漫长的历史岁月中，中国人本着对历史的尊重，对借鉴未来的追求，对民族文化传统崇敬的社会心理，创立了较为完备的修史体系，造就了独具特色的历史文化精神。在讲求历史的社会氛围之中，中国出现了许多著名的历史学家、史学著作，并产生了内容丰富的史学思想。

不过，也许是孔子“述而不作”的思想影响太大，中国古代的历史学家都不大重视史学发展的总结，因此，在这个号称史学发达的国度中，史学理论专著却出现得不多，至清政府倒台，只有一部中国史学发展史，在研究史学史方面比较有影响的人物只有唐代的刘知几、清代的章学诚、近代的梁启超三人而已。

刘知几是对中国古代史学进行系统总结的第一人。他通过对中国古代史学的专心研究，明确提出了史学家应具备“才、学、识”的“史才三长论”，以及“良史以实录、直书为贵”[①]的“书法直笔论”。他在所著的富有思想性的史学理论专著《史通》中，除了从不同角度详细论述了“史才三长”和“书法直笔”外，还全面考察了我国古代的历史编纂，剖析了不同史书体裁的短长，叙述了自古至唐史官和史馆制度的沿革，勾画出了中国古代史学发展的线索，从而为后世研究中国前期史学留下了不可忽视的重要参考篇章。

刘知几以其前无古人的巨大贡献，在中国史学发展史上竖立起了第一块里程碑。也许是这块里程碑过于高大，刘知几身后的一千年中，中国的史学理论一直未有突破性的发展，直至清代乾隆年间，浙江会稽（今浙江绍兴）人章学诚本着“经世致用”的宗旨，以“为千古史学辟其榛芜”[②]的勇气，从“史意”入手，提出了一系列新的史学见解，才突破了刘知几的藩篱。章学诚在其费时二十七年所撰就的《文史通义》中，详细分析了“六经皆史”的史学理论命题，彰明了“史以明道”的理论观点，强调了治史者应忠实于客观史实的所谓“史德”，并就历史文学的撰写和历史体裁的源流演变，发表了不少透辟的意见，从而在中国史学发展史上竖起了第二块里程碑。

从唐至清，刘知几、章学诚这两块里程碑，代表着中国史学发展史的两

① 刘知几：《史通·惑经》。
② 章学诚：《与汪龙庄书》，见《章氏遗书》卷九《文史通义》外篇三。

个阶段，它们共同为中国封建社会的史学发展史画上了一个完整的句号。

1840年，一场鸦片战争改变了中国的面貌，在帝国主义列强的洋枪洋炮胁迫下，中国逐步走上了半封建、半殖民地的道路。社会性质的变化，必然带来思想上和学术上的变革。20世纪初，近代资产阶级改良主义的著名思想家、政治活动家广东新会的梁启超，出于反对封建专制主义的需要，写出了《中国史叙论》（1901年）和《新史学》（1902年）等史论专著，尖锐地批判了中国旧的史学传统，提出了以进化论为指导，“探察人间全体之运动进步，即国民全部之经历及其相互之关系”的“新史学”理论。梁启超认为，中国旧史学有四弊二病，即“知有朝廷而不知国家”、“知有个人而不知群体”、“知有陈迹而不知有今务”、“知有事实而不知有理想”、“能铺叙而不能别裁”、“能因袭而不能创作”，是“帝王将相家谱”、“墓志铭”、“蜡人院”，必须要彻底改造，来一场“史界革命”。梁启超的史学理论，从世界观到方法论都有了新的突破，开启了中国近代史学的先河，在中国史学发展史上竖起了第三块里程碑。

刘知几、章学诚、梁启超的史学思想，及其对中国史学发展的总结，在中国史学发展史上都有着特殊的地位。但是，由于生活时代和个人认识的局限，他们的史学见解或有偏颇，或有粗疏，存在着很多不足。譬如，刘知几评论史书体裁的得失，常常离开具体史书的内容而孤立地论其形式，结果是不明作者的原意而妄加论断；梁启超横扫旧史学，气势尽管不凡，影响亦很可观，但批判多有不当，立论失于偏颇。而且，尽管刘知几、章学诚、梁启超等对中国史学作过剖析，指出史体、史例、史义等方面的得失，但都未能深入推究这些得失的根由。正像一个不大高明的医生，分析了病人的病情，但未能找出致病的原由。因此，超越这三座中国史学发展史上的里程碑，回到中国史学发展的源头，沿着历史发展的轨迹，重新总结中国史学，并对刘知几、章学诚、梁启超等人的史学见解进行补失纠偏，就成为民国建立以后史学界的历史任务。

柳诒徵多年来研究中国历史，并曾专门研究过史书义例和前人修史得失，因而对中国史学发展有了充分的了解，形成了系统的认识。出于理清中国史学发展线索、揭示中国史学的奥秘、弘扬民族文化、指导后学研究中国史学的目的，他承担起了重新总结中国史学的使命。

要重新总结中国史学，必然要涉及对刘知几、章学诚、梁启超等人的史学见解的评判。如果不能在前人基础上有所突破或修订、补充，而是人云亦云、亦步亦趋，则失去重新总结中国史学的意义。柳诒徵是有思想、有见解的历史学家，他在《国史要义》中紧紧抓住中国史学理论的核心，既坚持以我为主，大力阐发自己的史学见解；又坚持评他为辅，有针对性地对刘知几、章学诚、梁启超等人的史学见解进行分析，补失纠偏。

要重新总结中国史学，必然要有明确的进步的指导思想。如果蜷缩于中国传统历史哲学的高屋之下，没有创新，即使有一些新的观点，也不可能有根本性的突破，因而也完不成重新总结中国史学的使命。柳诒徵在研究中国文化史时，即已接受了西方传入的社会进化论，此后，在历史研究的实践中，更在一定程度上接受了唯物史观，因此，他在《国史要义》中始终坚持以社会进化论和唯物史观作为指导，这就在指导思想上比前人前进了一大步。

要重新总结中国史学，必然要有一以贯之的史学精神，如果不能博观约取，把握数千年来中国史学发展的主脉，建立一条主线，那么，整个研究必然是鸡零狗碎，不成体系，重新总结中国史学的使命也必然落空。柳诒徵对儒家文化精神有着透辟的了解，而且在他看来，儒家文化是中国传统文化的主体，中国的史学发展离不开儒家文化精神。因此，他在《国史要义》中坚持贯之以儒家文化为主体的史学精神。

以社会进化论、唯物史观为指导，以儒家文化为主体的史学精神为主干，以补失纠偏为己任，这就构成了柳诒徵《国史要义》的鲜明特色。

历史是丰富多彩的，历史文化成果也应该是多种多样的。在中国近代众说竞胜的学术领域中，柳诒徵的《国史要义》作为中国近代最后一部具有鲜明特色的史学理论专著，正体现了特定历史条件下的中国史学认识的思维方式及其思想成就，因而在中国史学发展史上有着不容忽视的历史地位。

5.2　以史官制度为中心的史学理论

自古以来，有成就的史学理论家，总能发前人所未发，提出一套持之有据、言之成理的史学理论。如唐代的刘知几提出了“史才三长论”、“书法直笔论”，清代的章学诚提出了“六经皆史论”。不过，刘知几的“史才三长论”、“书法直笔论”主要还是关于史家素质和修养的理论，章学诚的“六经皆史论”也只是关于史料范围的理论，它们都未能涉及史学发展本身；而通观中国史学发展，尽管中国史学起源甚早，且很发达，但有关中国史学发展的理论，千百年来，却一直是一片令人遗憾的空白。

柳诒徵在《国史要义》中重新总结中国史学，看准了这片历史空白，紧紧围绕中国史学发展，提出了一套较为完整的以史官制度为核心的史学理论。

中国史学富有政治性，是人所共知的事实。中国史学家治史，历来都把有裨治政作为最高宗旨。作为中国传统文化奠基者的孔子，据说编修编年体史书《春秋》时，就曾表示要借此表达“微言大义”，通过“笔则笔、削则削”的手法，惩恶扬善，使忠臣善士，见贤思齐；使乱臣贼子，望恶生惧。创作了第一部纪传体史书《史记》的汉代著名史学家司马迁，也明确申言，他的著作是为了“究天人之际，通古今之变”，“稽其成败兴坏之理”；[1]而那位完成了记载一千三百六十二年史事的编年体巨著《资治通鉴》的宋代史学家司马光，更直截了当地宣称，他“止欲叙国家之兴衰，著生民之休戚”[2]。

刘知几、章学诚、梁启超等在研究中国史学发展时，都曾注意到了蕴含于中国史学发展之中的政治特点，并分别从不同角度对治政的史学理论加以总结，予以继承、发挥。

刘知几强调，史学家治史，不仅要区分善恶，劝善惩恶，更要自觉地树立起用史学来帮助治理国家的意识。他反复申述：“史之为用，乃人生之急

① 司马迁：《报任少卿书》。
② 司马光：《资治通鉴进书表》。

务，为国家之要道。”[①]章学诚则认为，史学应该经世致用，不能空言著述，要学孔子《春秋》，切合当时人事，所谓“且如六经同出于孔子，先儒以为其功莫大于《春秋》，正以切合当时人事耳”[②]。梁启超更把历史学看成是“激励其爱国心，团结其合群之力”的政治工具。

然而，尽管刘知几、章学诚、梁启超等就中国史学的治政理论进行了不同程度的阐发，但他们都只是就史学的功用谈政治，而没有深入地剖析中国史学何以会产生重政治这个特点，没有进一步推究中国史学富有政治性与中国史学的产生、发展有什么联系。

柳诒徵在《国史要义》中则引笔深入，透过中国史学富有政治性的表象，去追究何以产生重政治的根由。他经过认真的推寻考论，得出了中国史学富有政治性的特点源于上古史官制度的结论。

他认为，中国的历史学起源于史官的记载，而上古时期的史官与后世不同，并非以著史为专职，而是负责掌管“全国乃至累世相传之政书”，并协助王相，处理朝廷政务。基于这种特殊的史官制度，中国史学从一诞生起，就带上了政治性的烙印，以后则衍为传统。他说：

> 史掌官书以赞治，以为吾史专有之义。由赞治而有官书，由官书而有国史，视他国之史起于诗人学者，得之传闻，述其轶事者不同。世谓吾民族富于政治性，观吾史之特详政治，及史之起源，可以知其故矣。[③]

中国史学起源确与他国不同，据今人考证，我国自有了文字可稽的历史，就有了史官制度，前人所谓“唐虞三代，《诗》、《书》所及，世有史官，以司典籍”[④]，并非虚言。而史官制度从它一诞生起，就与政治有着密切的联系。商代的史官除了负责记录先王世系、商王行事、朝廷议论及其他国家大

① 刘知几：《史通·史官建置》。
② 章学诚：《浙东学术》。
③ 柳诒徵：《国史要义·史原第一》。
④ 范晔：《后汉书·班彪传》。

事外，还是神权的掌握者，负责充当神人之间的媒介，借上帝的意旨，影响和监督商王的行动。周代的史官除了负责协助政务、记录时事、起草公文、掌管文书外，还负有训导君王的责任，所谓“临事有瞽、史之导，宴居有师、工之诵；史不失书，矇不失诵，以训御之”①。瞽和史相互配合，规劝匡正君王，使其“不得为非”。从商、周两代的史官制度可以看出，史官在国家的政治生活中享有很高的地位，而他们的所作所为都是为政治服务的。

柳诒徵关于中国上古史官制度富有政治性的认识是正确的。而明确将上古史官制度的政治性与中国史学的政治性挂钩，用上古史官制度的政治性来解释中国史学何以有政治性，则是他的一大发明。这一发明，为阐明中国史学的政治特点提供了言之有理的理论依据，并且奠定了他的以史官制度为中心的史学理论的基础。

柳诒徵循着上古史制度考察，进一步将中国史学家秉笔直书的传统与古代史官职权挂钩，提出了秉笔直书并非系于史家道德，而是系于史官职权的新颖见解。

他认为，上古史官制度是当时政府体制健康运行的重要一环，史官负有“以书谏王”的职责，必须以“君举必书”的方法来限制君主，补察君主偏失，不得曲意逢迎，玩忽职守。因此，“君举必书”并不系于个人的道德品性，而是政府建制中所规定的史官必须从事的职责，“亦几等于固定之宪章”。从这种认识出发，他批评刘知几的“书法直笔论”，“止知重个人之气节，不知究古史之职权也”②。

从上古史官制度考察，他还认为，上古史官负有掌管典章、刑法、约剂的职责，必须取信于民，因而著史必不敢造伪：

> 夫史之有国法，不始于周，自夏商已为专职，故官府、民众有不可信，则考之史官，证其诈伪，施以刑辟，盖相沿之成法。夫史既以典法、约剂，判决官民之信与伪，则其为史也，自必不能作伪造言，以欺当世，以惑

---

① 《国语·楚语上》。
② 柳诒徵：《国史要义·史权第二》。

后世。史而不信，早已自丽于所典之刑章，尚能审断官民之欺伪乎？[①]

上古史家能否直笔，上古史书是否俱真，这是一个需要认真探讨的问题。就中国史学发展的实际状况而言，应该说，上古既有像董狐那样所谓“书法不隐”的史家，也有“持谄媚以偷荣”的史家。刘知几的“书法直笔论”，实际上是在承认上古有直笔史家、有信史，也有曲笔史家、有伪史的认识基础上提出来的，他呼吁“直笔”，呼吁“信史”，正是针对“曲笔”、“伪史”发出的。无疑，刘知几的认识是符合实际状况的。只不过，他过分强调了造成直笔、曲笔的个人道德因素，将直笔完全归于“烈士徇名，壮夫重气，宁为兰摧玉折，不作瓦砾长存”的“君子之德”，[②]曲笔咎于“爱憎由己、高下在心”的“小人之道”。[③]柳诒徵从上古史官制度上来推究上古史家“直笔”的内在动因，及中国史学“直笔”传统的来由，在历史背景中寻找现象产生的根源，在认识层次上比刘知几进了一步，但他完全摒弃史家的个人道德因素，否认上古史家亦有“曲笔”，进而肯定上古史书不可能造伪，就又走向了另一个极端，结论失于偏颇。

柳诒徵是一个深受儒家思想影响的旧式学者，然而，他在考察中国史学的直笔传统时，却摒弃了历史道德观，将社会条件看成是制约个人道德的重要因素，这在历史认识论方面，是一个非常值得注意的有趣现象。

自古以来，唯心史观总是强调个人的道德力量，将一切社会现象都归结于精神因素的作用，只有马克思主义的唯物史观才将颠倒的历史颠倒了过来，强调精神发展的物质动因，强调将纷繁复杂的历史现象放到一定社会条件下去考察。柳诒徵在史学研究实践中，初步接受了马克思主义的唯物主义的认识论，他在谈及上古史家能够“直笔”并非基于个人道德品格时，明确指出：

---

① 柳诒徵：《国史要义·史权第二》。
② 刘知几：《史通·直书》。
③ 刘知几：《史通·曲笔》。

盖环境与个人互相影响，今之论史者必求史事之背景，论史学而不知史学之背景，亦已自违史律矣。[1]

很显然，他正自觉地试图运用马克思主义的唯物主义的认识论去揭示“书法直笔”的历史现象。虽然，这种运用还不很成熟，但毕竟是迈出了可喜的一步，在历史认识论方面，要比刘知几高明了许多。

刘知几、柳诒徵对“书法直笔”的历史认识，恰恰是人的思想认识要受一定社会条件制约的最好例证。刘知几生活的时代，正是儒家思想盛行天下的时代。儒家思想重视人的德行修养，强调社会发展决定于人心道德，刘知几强调决定“书法直笔”的史家个人道德，正是儒家思想在史学领域中合乎逻辑的发展和延伸。柳诒徵生活的时代，已经是近代科学昌明，近代社会理论众说竞胜的时代，而马克思主义的唯物史观正逐步战胜形形色色的唯心史观，成为我国思想界、学术界的主流，因此，柳诒徵能在某种程度上摆脱儒家传统思想的影响，从一个全新的认识角度，去探讨“书法直笔”的历史根由。

柳诒徵初步接受马克思主义的唯物主义认识论的事实，说明了两方面的问题：一方面，随着时代的发展，柳诒徵的思想认识能够赶上时代的潮流，不断进步；另一方面，马克思主义的唯物史观有着强大的生命力和感化力，它的巨大的科学价值能够为一切追求进步的人士所认识和吸收。

柳诒徵还以史官制度为中心，详细考察了我国的史书编纂状况，提出了我国史书体系广博，在于史职所统广博；纪传体史书表、志、纪、传纵横相联，在于官职纵横相联的观点。

他以周代史官职掌为例，指出由于史职所统，所记史事必须广博，并非史官好为浩博；而正由于史职所统，我国史书必须注重政治，与其他国家

① 柳诒徵：《国史要义·史权第二》。

史书所记不同。他认为，要明了我国的史书体系，必须要知道我国的政体状况。他说：

> 周之史官，为最高之档案库，为实施之礼制馆，为完备之图书府。冢宰之僚属，不之逮也。由是论之，后世史籍所以广志礼、乐、兵、刑、职官、选举、食货、艺文、河渠、地理，以及诸侯、世家、列国、载记、四裔、旧封，非好为浩博无涯矣。自古史职所统，不备不足以明吾史之体系。……他族之国，无此规模，文人学者，自为诗文，或述宗教，或颂英雄，或但矜武力而相斫书，或杂记民俗而为社会志，其体系本与吾史异趣。或且病吾史之方板简略，不能如其活动周详，是则政宗史体，各有渊源，必知吾国政治之纲维，始能明吾史之系统也。[①]

他特别看重中国封建社会中一直被视为正史的纪传体史书，认为纪传体史书的体例妙在纵横贯通，表、志、纪、传互相关联，相得益彰，“在于人事，时空在在可以表著其联络”[②]。在他看来，纪传体史书体例的这种规模，主要出于官职相连，“史之有联出于官之有联”[③]。因此，他批评刘知几所说纪传体病在“同为一事，分在数篇，断续相离，前后屡出”[④]是“要于纪传表书相联之谊，未能明也”[⑤]。批评章学诚只看到纪传体事有适从，寻求较易，“犹未能深求史之起源，及吾国立国行政与史义、史法一贯之故也”[⑥]。

我国史书体系的构筑与纪传体体例的形成，可能受到史官职掌、职官体制方面的影响，但两者之间，似乎并无必然的关联。柳诒徵此处的论述，显得较为牵强，对刘知几、章学诚的批评，也显得有点勉强。不过，尽管如此，他别出新意的观点，却为人们进一步研究这方面的问题，打开了思路。

---

① 柳诒徵：《国史要义·史权第二》。
② 柳诒徵：《国史要义·史联第四》。
③ 柳诒徵：《国史要义·史联第四》。
④ 刘知几：《史通·二体》。
⑤ 柳诒徵：《国史要义·史联第四》。
⑥ 柳诒徵：《国史要义·史联第四》。

柳诒徵从中国上古史官制度出发，将史学起源、史家笔法、史书体系、史学体例与史官制度紧密联系起来，从而构成了一个较为完整的以史官制度为中心的史学理论体系。这个理论体系，在认识论方面，注意摆脱历史道德观，从一定历史条件中去寻求史学发展的制约因素，方法是较为科学的，方向也是正确的。在具体阐释方面，虽有枘凿不通、牵强附会之处，但毕竟自成体系，成一家之言，而且，它所提出的新的观点，对于促使人们从不同角度去研究中国史学的发展大有裨益。因此，这个独树一帜的总结我国古代史学发展主体的不尽完善的史学理论体系，在我国史学理论园地中有着独特的地位，理应引起历史研究者的重视。

5.3　以儒学精神为主体的史学功能观

史学功能，即史学的用途，这个问题是史学理论中的一个基本问题。自从中国史学诞生以来，许多史学家就史学的用途提出过不少见解，如刘知几在《史通》就认为史学可以“申以诫劝，树以风声”，使“秽迹彰于朝，恶名被于千载”，有着道德教化的功用。而在社会实践中，中国人本着“前事不忘，后事之师”的社会心理，也一直把史学看作可资借鉴的有用工具。然而，尽管如此，却从未有人就中国古代史学的功能观作过系统的总结。

这种状况，在封建社会中也许并不严重，因为社会性质没有根本性的变化，史学的功用也大体相同。然而，随着时代变迁，江山改易，这种状况就必须引起担忧，如果不就中国古代史学的功能观作出系统总结，在不同社会背景下成长起来的人们，将对中国古代史学功能不甚了了，对中国古代史学研究也就难以深入。

柳诒徵深感这种状况的严重，下气力详细考察了中国古代史学的功用，在《国史要义》中，以自己的睿智卓识，总结出了一套系统的以儒学精神为主体的史学功能观。

柳诒徵认为，在中国封建社会中，儒学是文化的基础，任何一门学术的发展，都不可能游离儒学，因此，中国史学也通贯儒学，儒学精神就是中国史学的核心。用他自己的话来说，即是：

> 史术即史学，犹之经学，亦曰“经术”；儒家之学，亦曰“儒术”也。吾意史术通贯经术，为儒术之正宗。①

由于中国古代史学通贯涵盖中国传统文化的儒学精神，因而，中国古代史学的功能即体现了儒学的功能，与世界其他国家的专类史学的功能不同：

> 读殖民史，则驰心于远略；读战争史，则极意于争雄；读外交史，则务夸纵横捭阖之能；读商业史，则醉心经济侵略之策。史能转人，而人不能转史，世界之祸，遂穷惨极酷，几于不可收拾矣。惟吾国史不然，其中固不乏拓地、殖民、耀兵、奋武、纵横、钩钜、轻重、贸迁之术，而以儒术为主宰，乃以开发建树此东亚数千年之世界。②

既然通贯儒学精神的中国古代史学功能与其他国家专类史学的功能不同，那么，具体而言，它到底有哪些主要功能呢？

柳诒徵认为，儒学精神的要义，在于修身养性，济世天下，内省与出仕，两者兼顾；政治与伦理，两者相维。所谓：

> 惟其术本末始终一贯相承，必自身心推暨事物，无所倚重，故空言心性，偏尚事功，亦不可谓非儒术，特非其余耳。③

因此，通贯儒学精神的中国古代史学，其主要功能也在两个方面，即益自身之德，以道济天下。

所谓“益自身之德”，即通过史书劝善惩恶的教育，使读者见贤思齐，

① 柳诒徵：《国史要义・史术第九》。
② 柳诒徵：《国史要义・史术第九》。
③ 柳诒徵：《国史要义・史术第九》。

见不贤而内省，以此开启人类追求向上、努力奋发的内在动力，自觉遵守儒家所倡导的道德规范和行为准则，逐步达到完善的人格境界。

柳诒徵秉承儒家学说，认为人类的道德源于天赋，而这种天赋的启发、培养，则必须经过社会的磨炼，或吸取前人的经验，中国古代史学正起到了提供前人经验，启发天赋道德的功用。他还进一步发挥了章学诚“六经皆史”的史学理论，认为“六经”都是培养人类天赋道德的工具。他说：

> 人类之道德，禀于天赋之灵明，所谓“天生烝民，有物有则。民之秉彝，好是懿德”也。而其灵明所由启发而养成，则基于积世之经验，必经历若干之得失利害，又推阐其因果之关系，灼然有以见其自植于群有必然之定则，决不可背，爰以前事为后事之师，始可免于尝试之劳，及蹈覆辙而犹不悟之苦。……而敏锐以求前人之经验，畜之于心，而后所谓道德者，乃若自外来入吾之身心，虽其心性所固有之良，有以吸受，而非以前言往行证之，且坚识之，不能真知而力行也。故以前人之经验，启发后人之秉彝，惟史之功用最大。吾国古代教育，首以《诗》、《书》、《礼》、《乐》为植德之具。《诗》、《书》、《礼》、《乐》，皆史也，皆载前人之经验而表示其得失，以为未经验者之先导也。①

柳诒徵进一步指出，由于开启良智，培养道德是我国古代史学功用的根本，而教育者必须首先做到行为端方，道德高尚，所以，历代史学家都把“畜德放在首位”。

> 吾国圣哲深于史学，故以立德为一切基本，必明于此，然后知吾国历代史家所以重视心术端正之故。②

他批评近人讲史学，只注意史学家的写作技巧，而不注意史学家的为人及

① 柳诒徵：《国史要义·史德第五》。
② 柳诒徵：《国史要义·史德第五》。

史书的教育功能。他说：

> （近人）恒称举“疏通知远、属辞比事”二语，而不注意其为人也二语。孔子明明言其为人，所以明史之有益于人。①

所谓“以道济天下”，即通过史书提供的历史上治政得失的实例，吸取有益的历史经验，在入仕参政的过程中，使儒学之道足以适天下之用。

关于我国史学的资政借鉴的功能，古代史家早有明确的认识，而我国古代史学的发达，本就与人们重视其资政、借鉴的功能有着密切的关联。中国历史上以贤明著称的君主唐太宗有一句名言，“以史为镜，可以知兴替”，可以说代表了中国人对史学资政、借鉴功能的普遍认识。柳诒徵也认为，“史之专重鉴戒，遂垂为数千年定法”，“原始察终，见盛观衰，又为史术所最重者也”。②不过，柳诒徵对借鉴、资政的理解，并不局限于襄君治政，而是包括了持身、涉世、谋国、用兵等各个方面。

他认为，“读史可得持身处事之术”。为此，他遍举历史实例，如诸葛亮以晋国重耳在外而安，以开悟因兄弟相争、处境为难的刘琦；吕蒙读三史识见超过鲁肃；崔浩读《汉书·地理志》，遂明了天下形势，力主伐凉州等，以资证明。

他强调，读史可以增长知识，预知天下大事。他说：

> 顾人事万变，岂能悉经，读史则事变纷纭，比例昭著。读史而能通其意，虽前所未有，亦可推知……读史则知识之丰，可赅千百国、千万年，自等大知大年矣。③

他指出，读史可以知类通达，了然治世之术，非但入仕求达者，“可以

① 柳诒徵：《国史要义·史德第五》。
② 柳诒徵：《国史要义·史术第九》。
③ 柳诒徵：《国史要义·史术第九》。

君人南面，即为将相；亦可临民柄国，各遂身安”；而且，身为人君者，亦可鉴戒危亡，“懔然耸惧”。[1]

他申言，读史还可以精于用兵之机，并能知道兵为不祥之物，及用兵之惨烈，从而重兵而慎兵。

出于强调中国史学昭明后世、济世天下的政治功能，柳诒徵还特地专辟《史统》一章，就中国史家纷争不休的正统、闰统提出了自己的看法。

所谓正统、闰统，源于中国古代史家对历史上存在的汉族与非汉族、中央与地方政权的认识。自宋代中叶起，许多史学家就正统、非正统进行了激烈的争辩，对正、闰的含义进行了多种阐释。著名史学家欧阳修专门写了《正统论》三篇，具体论述了五代十三帝当为一统，宋继五代之统而主。章望之作《明统》三篇，反驳欧阳修之论，主张宋继唐统。苏轼又作《后正统论》三篇，为欧阳修之论辩解，反驳章望之的观点。此后，正、闰之说，争论得十分热闹，成为中国史学理论中特有的一大话题。

近代以来，梁启超提出了“史界革命”，对“正统论”进行了尖锐的批判，认为所谓“正统”，是历代统治者为了一家一姓的私利，“缘饰附会”，辗转伪造而成的。所谓“正统”，“一言以蔽之曰：自为奴隶根性所束缚，而复以煽后人之奴隶根性而已”[2]。

柳诒徵跳出了前辈史家争论的圈了，从中国史学的政治功能角度，重新阐释了正统、闰统。他认为，所谓“正统”，并非在于强调“一家传统”，而是在于持义之正，在于激励整个民族，不甘偏居一隅，不甘成为奴隶。他说：

> 史之所重，在持正义。
>
> 前史之龂龂于一家传统者，非第今不必争，亦为昔所不取。而疆域之正，民族之正，道义之正，则治史者必先识前贤之论断，而后可以得治乱之总因。疆域不正则耻，民族不正则耻，推此二耻之所由来，则自柄

① 柳诒徵：《国史要义·史术第九》。
② 梁启超：《新史学》。

政者以至中流士夫，全体民众，无不与有责焉。吾史之不甘为偏隅，不甘为奴隶，非追往也，以诏后也。”[①]

撇开古代史家正、闰之说不论，就梁启超、柳诒徵而言，两者对“正统”的认识，都是时代左右下的产物。梁启超当时要反对清朝统治，需要解放人们的思想，破除“正统”观念对人们的束缚，自然猛烈攻击“正统”之说。而柳诒徵撰著《国史要义》时，日本帝国主义占领了我国大片领土，并扶植了汪伪政权，妄图灭我中华，沦我民众为奴。在这民族存亡的危难之际，柳诒徵从积极意义上对“正统”说进行发挥，强调持义之正，强调激励民族，不甘偏居，不甘为奴，自在情理之中。不过，尽管两者认识相左，但实质上殊途同归，两者都是中国史学政治功能观之花所结出的瓜果。

从益德到济世，柳诒徵紧扣儒学要义，对通贯儒学精神的中国古代史学的功能观作了全面而详细的阐述，从中国古代史学发展的实际情况，及所发挥的社会功用看，这些阐述基本是持之有据、言之成理的。在中国数千年的封建社会中，儒家学说无疑具有不可动摇的垄断地位。由于儒家学说的广泛传播，儒家思想逐渐渗透到了中国民族文化的骨髓，儒家学说成了中国民族文化的轴心。这样，中国史学的发展，便与以伦理、政治为核心内容的儒学结下了不解之缘，成为阐释、证明、弘扬儒家学说的最重要的文化工具，儒学的伦理、政治意识，也就通过史学的形式反映出来，并以鉴诫的特定方式发挥其功能。

柳诒徵从小就系统地接受儒学教育，对儒家文化精神有着透彻的了解，因此，当他总结中国古代史学时，对通贯儒学精神的中国古代史学功能，就有一种深沉的历史认同感，所以能够贴近历史，较为准确地勾勒出中国史学在封建社会中所发挥的功用。

不过，当时代变迁，整个社会文化的核心内容发生变化，指导人们的思

① 柳诒徵：《国史要义·史统第三》。

想理论基础完全不同时，即使以二十五史为主体的中国古代史学中的儒学精神依然照旧，人们对中国古代史学的价值取向亦会改变，中国古代史学所能发挥的功用必然不同。而柳诒徵本着对儒家文化精神的深厚情感，认为通贯儒学精神的中国古代史学的功能，不但能在古代得到全面发挥，而且，“犹可以用之今日，而造福于未来”[①]，则是一种不切实际的迂腐之论。

5.4　以进化论为指导的历史研究法

柳诒徵的《国史要义》本为指导研究生而著。作为一个研究历史多年、有着丰富经验的前辈学者，他为了使研究生窥破中国史学的门径，步入治史的殿堂，就自身研究的体验，从历史观到治学态度，提出了一系列的指导性意见。

历史研究，首先需要有历史观作为指导。近代以来，西方资产阶级的社会政治学说和文化思想广泛传入，为人们治史提供了各种思想武器。在这种历史条件下，中国史学讲坛上的历史观纷纭繁杂，往往使青年学生不知所从。

柳诒徵自从接受社会进化论后，一直崇信进化史观，因此，他主张青年学生要以进化史观来指导历史研究。在他看来，进化乃是人类社会发展的公则，而这种进化，是一种有规律的进化，研究历史，必须本着这种基本观念进行。

为了澄清有关进化史观的不同认识，他在《国史要义》中专门评析了梁启超、刘咸炘、章炳麟等人有关进化论的观点，并强调指出，治中国史，要从中国的实际出发，去“推寻人群之原理，以求史事之公律”。他说：

> 近人治史，多本进化论，盖缘西哲就生物之演变，测人群之进步，而得此基本观念，治吾史者，准此以求，亦可以益人神智。然梁启超论研究文化史之问题，对历史现象是否进化，即生疑问。刘咸炘论美人彻

---

① 柳诒徵：《国史要义·史术第九》。

尼所举史律，谓道德常进亦常退，若以大概言之，宁谓智进而德退。章炳麟著俱分进化论，谓善恶相缘并进，其说尤懿。故吾人治中国史，仍宜就中国圣哲推求人群之原理，以求史事之公律。①

从进化史观出发，柳诒徵还强调治史要注意史事的因果关系和发展、变化，并认为"知因然后知革"，即只有在了解了史事的因果关系的基础上才能把握其发展、变化。在他看来，人类社会的发展有着一定的规律，按照他的话来说，就是"原则"，当事态发展违背了这些规律，就要发生变革，而变革的目的，就是要重新回到符合规律的轨道上来，所谓"行之久而与原则不符，则必革之以求复合于所因之原则焉"。②

柳诒徵在强调以进化史观为指导、考虑历史发展规律、注意在史事因果关系的基础上把握其发展、变化的同时，着意指出，研究中国史，必须要了解中国的实际，要从中国特定的历史文化背景中去把握中国的历史发展。为此，他就在中华民族文化中具有广泛意义的"孝"，作了具有示范意义的剖析。他指出，中国之所以产生独具特色的重"孝"文化精神，主要在于上古农业社会的历史背景，与他国游牧社会不同。他说：

> 游牧之俗，迁徙无常，贱老贵壮，故以夫妇为本位，而父子可不相闻。农稼之俗，世业相承，老幼一体，故以父子为本位，而夫妇重其相代。故吾谓丧考妣三年之俗，盖在唐虞之前已有之。缘国族之由渔牧而进于农耕殆已经若干万年，圣哲之倡孝德，特因其俗而为之节文……盖农业民族，天性特厚，有非游牧民族之习于凉薄所得喻者。③

出于引起青年学生对进化史观和中国历史文化特色的重视，他还提纲挈领，就具有特色的中国历史的进化作了一番颇为精彩的总结性的提示：

---

① 柳诒徵：《国史要义·史识第六》。
② 柳诒徵：《国史要义·史化第十》。
③ 柳诒徵：《国史要义·史化第十》。

任何国族之心习，皆历史所陶铸，惟所因于天地人物有殊，故演进各循其轨辙。吾国之立国，以农业、以家族、以士大夫之文化、以大一统之国家，与他族以牧猎、以海商、以武士、以教宗、以都市演为有国者孔殊，而其探本以为化，亦各有其独至。骤观之，若因循而不进，若陈腐而无当，又若广漠而不得要领；深察之，则其进境实多（如疆域之推广、种族之镕记、物产之精制、文艺之深造等），而其本原不二。近世承之宋、明，宋、明承之汉、唐，汉、唐承之周、秦，其由简而繁，或由繁而简者，固由少数圣哲所创垂，要亦经多数人民所选择。此史迁治史，所以必极之于究天人之际也。[①]

柳诒徵关于进化史观和治史原则的阐述，反映了他的史学思想又有了长足的进步。虽然他的历史认识论大体上仍是社会达尔文主义的框架，但他已在肯定历史进化的基础上，初步接受了马克思主义的唯物史观，承认了历史的有规律发展，注意到了历史发展中的共性与个性，并试图透过历史的表象去探索内在的各种制约因素。由此不难看出，他的史学思想已相当深刻。而他以这种史学思想来引导青年学生，必然可以使正在摸索治史门径的莘莘学子少走弯路。

研究历史不仅需要历史观的指导，而且需要掌握考辨、运用史料的本领。正像大海上驾驭航船的水手，光知道航向不行，还必须要有过硬的航海技术。柳诒徵研究史学多年，深明其中之道，为了使青年学生能正确地看待史料，提高发现、考辨、利用史料的能力，掌握过硬的治史功夫，他在《国史要义》中，就如何研读中国史书提出了不少具体的意见。

他指出，阅读中国史书，必须了解具体史书的体例。在他看来，我国任何一部史书都有一定的体例，即使“官局修史，杂出众手，要亦必有其共循之

① 柳诒徵：《国史要义·史化第十》。

例”；一些未明言体例的史书，“治史学者就其全书寻绎，亦可见其例意”[①]。因此，史书有体例，是我国史学的特色之一，“史之有例，亦惟吾国所特创，他国史家莫之能先”[②]。由于我国史书都有一定的体例，就为来者阅读、利用史书提供了方便。因为，尽管我国史书的体例很多，“有去取焉，有差等焉，有联散焉，有序第焉，有片语之例，有全书之例，有编年与纪传相同之例，有二体独具之例”，其实质都在于为如何叙述史事预先定下了行文之规，了解了具体史书的具体体例，即可以知道其书的书法大义，明了其著录史事的原则。“治史者能如此用心，则触处洞然，一切皆得是非之公矣。”[③]

他指出，治史者要重视了解史书体例，更要重视推究史书作者的思想。他认为，不能把中国史书仅看成是死的史料，而应看到其中所贯注的作者思想，即所谓“义法”。在他看来，作者弃取删录，微言大义，俱在“义法”：

> 吾人读书，能用其法，一一问其何以如是云云，而同一问题，又细析其关于天下及我国或某国、某人之故，则读书如桶底脱矣。[④]

他批评那些不注意史书作者思想，“谓吾国诸史仅属史料”，一味辑逸钩沉者，“正刘氏所谓苟出异端、虚益新事，及吐果弃核、捃拾登荐之类耳”[⑤]。

他认为，在中国封建社会中，儒家文化居于主导地位，儒家思想是旧史创作的指导思想，而且，史学家都精通儒家学说，因此，研究中国史，必须要对儒家学说有透辟的了解，“学者读中国史籍，必先明吾国君臣之义”[⑥]，以及王道、封建、公私等儒学意义。基于这样的认识，他极力推崇儒学六经之一的《春秋》，主张治中国史应先明《春秋》主旨。他批评那些讲史学不知推本《春秋》，认为《春秋》是经非史者，是不明中国史学的根本，“而

① 柳诒徵：《国史要义·史例第八》。
② 柳诒徵：《国史要义·史例第八》。
③ 柳诒徵：《国史要义·史例第八》。
④ 柳诒徵：《国史要义·史识第六》。
⑤ 柳诒徵：《国史要义·史识第六》。
⑥ 柳诒徵：《国史要义·史义第七》。

中国史学之根本不明，惟就史以求史，故其于《史》、《汉》亦不解所谓，不但于《史》、《汉》不知所谓也，即众所似甚崇拜之史学家，若章氏之《文史通义》主要之语，亦不能解矣”。[1]

柳诒徵的这些研究中国史的具体意见，都是他多年研究积累的经验之谈，有着重要的参考价值。这些意见，充满了辩证因素，充分考虑了历史研究的主体（史家）和客体（史料）两个方面，因而是一种合理的史料学观点，也是一种值得重视的史学研究方法论。

柳诒徵是一个教育学家，十分重视史学人才的培养。为了使青年学生健康成长，成为一个才、学、识兼备的历史学家，他在阐述史学理论、史学方法的同时，对端正治学态度也提出了不少意见。

他再三申言，研究历史，必须要有强烈的民族自尊心、自信心，同时，亦要实事求是，切不可夸大成就，也不可妄自菲薄。他说：

> 至于附会之病，尤有可为隐痛者，国不自振，夸大之习已微，以他族古初之蒙昧，遂不信吾国圣哲之文明，举凡步天治地，经国临民，宏纲巨领，良法美意，历代相承之信史，皆属可疑。其疑之者，以他族彼时不过图腾部落，吾族似不能早在东亚建此大邦；复以轮近之诈欺，推想前人之假托，不但不信为事实，即所目为乌托邦之书……至其卑葸已甚，遂若吾族无一而可，凡史迹之殊尤卓绝者，匪藉外力，或其人之出于异族，必无若斯成绩。此等风气，虽为梁氏所未料，事始非梁氏有以开之，故论学立言，不可不慎，不附会而夸大。[2]

他谆谆告诫后学，要虚心学习前辈学者研究经验，不可妄自尊大，非议前贤；也不可骄傲自满，浅尝辄止。他说：

> 识生于心，而史为之钥，积若干年祀之纪述，与若干方面之事迹，乃

① 柳诒徵：《国史要义・史义第七》。
② 柳诒徵：《国史要义・史德第五》。

有圣哲启示观察、研究及撰著之津涂，后贤承之，益穷其变，综合推求，而饷遗吾人以此知识之宝库。故在初学，不第不可遽谓前人不逮吾侪，且不得谓吾人于前人所撰著者，悉已了解。深造自得，正不易言。①

柳诒徵对青年学生治学态度所提的意见，语重心长，充分表示了他对后学健康成长的满腔希望。而对后学成长的殷切关注，也许正是他撰著这部《国史要义》的原动力。

① 柳诒徵：《国史要义·史识第六》。

第6章 一生才艺多兼通

古往今来，做学问者大体可分为两类：一为专家，一为通才。专家之意自不待言，通才则各门学科有不同的标准。就国学而言，通才者，目录、版本、经、史、词章总是必不可少的。柳诒徵一生致力于中国历史的研究，经、史自然烂熟于心，作为他一生主要研究成果的《历代史略》、《中国文化史》、《国史要义》等就是证明。除此之外，他不但精通目录学、版本学，在目录学、版本学研究方面卓有建树；而且，词章练达，诗歌自备一格；楷法优美，书道独成一家。说他是才艺兼通的通才，确是不枉的。

6.1 目录专功

在中国国学领域中，自清代以来，被视为第一学的，大概要数目录学了。

目录学之所以重要，与我国文明悠久、图籍丰富密切相关。据历史记载，早在夏、商时代，我国就出现了所谓“典册”，即官府的档案。春秋、战国时期，文化领域，百家争鸣，不同学派，纷争鼎立，于是图籍涌出，不可胜载。秦汉以后，随着文化的昌盛，学术的繁衍，以及造纸术、印刷术的发明，各类图籍更是汪洋浩瀚，蔚为大观。

图书典籍日益增多，包含的内容亦日渐丰富，读者对图书分类、检索，以方便使用的要求也日加迫切，自然需要制订出一套使图籍既能传之久远，又能便于读者使用的整理、保存、著录、分类的方法，这样，目录学也就应运而生了。

我国第一部正式的国家图书分类目录，是汉代刘向、刘歆父子奉命修成的《七略》。汉朝初年，朝廷大力搜访天下图书，至武帝时期“百年之间，书积如丘山”[①]。汉成帝时，委命光禄大夫刘向、步兵校尉任宏、太史令尹咸、侍医李柱国等校理皇家藏书。每一部书都广泛征集异本，互为补充，修订篇章，校雠讹文脱简，写成定本，命订书名。最后由刘向审订成书，将书名、篇目、校雠始末、作者生平、全书意旨等，写成一篇提要，与校定本同时奏上。刘向亡故，其子刘歆继承父业，进一步整理朝廷藏书，将所有图籍，分类编为“六艺略”、“诸子略”、“诗赋略”、“兵书略”、“数术略”、“方技略”六部，又在书前加上作为总序的“辑略”，命名为《七略》。《七略》问世后，班固继踵而作，据之删订成影响极大的《汉书·艺文志》，从此，史志书目诞生。

自汉代以降，官府整理图书、编定目录工作不断进行，官修目录也就不时而出；而正史中纂辑书目亦成定例，史志书目绵延相续，成为书目中的大国。除此之外，私家书目伴随文化的普及，图籍传流的广泛，异军突起，成为书目之林中的后起之秀。有宋时期，尤袤《遂初堂书目》、晁公武《郡斋读书志》、陈振孙《直斋书录解题》等三部私家书目，即已享誉于世。其后，印刷术愈加发达，图书问世日丰，有名的私人藏书家及其所修的著名的私家书目，不胜枚举。

明清时期，收藏书籍，校雠书籍，提要钩玄，编制目录，成为社会风气。势倾朝野的官宦士绅、腰缠万贯的富家大户自不必说，即使稍有田产的土财主，亦往往要收藏几本书，闲时丹黄一番，以作风雅。因此，目录学大昌，成为“显学”。尤其入清以后，人们出于读书、治学的需要，对目录极为重视，国学名家，无一不把通目录之学作为治学的第一要义。清代著名学者王鸣盛就曾说过：

目录之学，学中第一要紧事，必从此问途，方能得其门而入。

① 徐坚：《初学记》卷二。

凡读书最切要者，目录之学。目录明，方可读书；不明，终是乱读。①

以主张开办洋务而著称的清朝大员张之洞，为了指导人们读书，还特地请人帮助编就了《书目答问》一书，并在“略例”中说：“读书不知要领，劳而无功。知某书宜读，而不得精校精注之本，事倍功半。”着意强调了目录学对于人们即类求书、因书究学的巨大功效。

清代学者开口书目，闭口书目，汲汲于目录之学的学风，对柳诒徵深有影响。当他走上治学之路时，就遇到了曾帮助张之洞编修《书目答问》的著名目录学家、版本学家缪荃孙。在缪荃孙的开导下，他懂得了目录学对于指导读书、治学的重要性，理解了清代学者致力于目录学的缘由。从此，他下大气力研讨目录学，使自己的目录学水平迅速提高，达到了融会贯通的高深境界。

“天生我材必有用。”柳诒徵精湛的目录之学，在1927年得到了学界的重视，因而被任命为国学图书馆馆长。图书馆本以收藏图录、鉴别书籍、著录群册、部次甲乙为职责，在这里，柳诒徵的目录学知识得以充分地发挥。

柳诒徵在目录学方面最主要的贡献，是在他就任国学图书馆馆长期间，主编了四十四卷的《国学图书馆图书总目》。这一部书目不仅是中国近代公共图书馆创设以来第一部大型公共图书馆馆藏全部图书的总目，具有开创未来、示范学界的重要意义，而且在分类部列、归属图籍方面有着独创性的发明，对近代目录学的发展有着极大的影响。

我国古代图书目录分类，一直以四部分类法为主导。汉代刘氏父子编就的《七略》，虽采用六部分类法，但自从西晋荀勖编成《中经新簿》，以甲、乙、丙、丁四部分类记录图书，四部分类法即取代了六部分类法，为学界普遍接受。此后，东晋著作郎李充编修《晋元帝四部书目》，在沿袭四部

① 王鸣盛：《十七史商榷》。

分类法基础上，将四部次序作了调整，把原著录诸子著作的乙部，改作著录史学著作，使分类法更适应了文化典籍的实际情况和学术发展趋势，进一步奠定了四部分类法的学术根基。而唐代官修的《隋书·经籍志》，正式以经、史、子、集命名四部，以取代甲、乙、丙、丁，使四部分类的名称、内容相互吻合，分类体系一目了然，最终确立了四部分类法在目录分类中的主流地位。从此，经、史、子、集四部分类法代代相因，直至清代编成的我国历史上体制最为庞大的大型目录著作《四库全书总目》仍在沿用。其间，虽然时有不同目录分类法问世，如南朝宋王俭编《七志》，将图书分为经典、诸子、文翰、军书、阴阳、术艺、图谱、道经、佛经九类；梁阮孝绪编纂《七录》，将图书归属于经典、纪传、子兵、文集、技术、佛法、仙道七类，但这些目录分类法俱不尽合理，因而未能产生巨大反响，为后世认可。

然而，传统不可能永久不变。时代发展，图籍日丰，四部分类法已难以适应著录的需要。顺应新的情况，柳诒徵大胆创新，在《国学图书馆总目》中打破了传统的经、史、子、集四部著录群籍的惯例，将所录图书以经、史、子、集、志、图、丛七部分类；又细分子目，将《四库全书总目》部下44类，扩充为85类，832属，从而极大地提高了著录内容的明细度，增加了检索图书的准确性。

柳诒徵创立的七部分类法，是在传统的四部分类基础上进行的图书分类体系的新创造。它是一种符合我国文化发展和图籍内容实际状况的较为科学的新的部录方法。

“志”，方志；“图”，地图、画册；“丛”，丛书。这三类图书内容庞杂，或非经非史，非子非集；或有经有史，有子有集，按照传统四部分类法，根本没有其入录之地。而从实际情况看，明清以来，这三类图书日渐增多，已蔚为大观，不予著录，难以反映著述的全貌，强行归于四部之一，不但不合著录之理，而且将使读者难以检索、利用，起不到即类求书、因书就学的功效。柳诒徵不为传统所囿，实事求是，大胆创新，在四部之外再添立三部，使这三类图书俱有所归，从而很好地解决了综合性图书与传统分类法不符的著录难题。今天看来，四部之外再添三部，似乎不是难事，但在传统四部分类法沿用已久，没有新著录法可资借鉴的情况下，没有过人的学术胆识和明睿的学术见地，根本不可能作出这一令人惊奇的创始之举。

志、图、丛三类中，丛书为集录单书而成，其中往往经、史、子、集俱全，独立一部，自可了然丛书名目，使知道何书收入何丛书者，立即按目索书；但如此著录，各单书性质未明，未能使未明图书性质者，有的放矢地利用丛书。为了解决这一矛盾，柳诒徵又将丛书单书按其性质分隶经、史、子、集各类，一书有两类可分的，则采用互见之法，两类著录、互相发明。这样，既大大方便了读者查阅，又为如何著录丛书，提供了有益的借鉴。

除了在分类与著录丛书方面有所创见外，柳诒徵主编的这部《国学图书馆图书总目》在别集编录方面亦有新意。

在我国传统四部分类法中，集部又分总集、别集。别集为个人专著，著录时，常按作者所在朝代先后排列。然而，因不少作者生活于易代之际，著录时没有统一的标准，屡屡发生一书断代不明，随意归属；或前后两朝并见的混乱状况，使读者检索困难。针对这种情况，柳诒徵明确规定，以作者卒年为断，作者卒于何朝，其书即归于何朝。这样明确划断，就为目录学界提供了一个统一标准，改变了多年来各家目录随意著录别集的淆乱局面。

由于柳诒徵主编的《国学图书馆图书总目》在目录著录方面有许多开创性的贡献，它一问世就受到了图书馆界人士的重视，不少图书馆在编制书目时采用了其著录体系。上海合众图书馆所编藏书目录，即明确说明分类采用国学图书馆分类法；日本东方文化学院京都研究所在1938年所编汉籍目录，以及上海图书馆所编《中国丛书综录》，均采用了国学图书馆丛书子目分类法。因此，中国当代著名的图书馆学家、目录学家、版本学家顾廷龙先生就肯定地评价说："国学图书馆之《总目》实导夫先路，在目录学史上应有一定之地位"。[①]

柳诒徵热心于目录学事业的发展，不但亲自主编书目，还大力培植目

① 顾廷龙：《柳诒徵先生与国学图书馆》，载《柳翼谋先生纪念文集》。

录学人才，推动目录学研究的开展。1927年，当他一就任国学图书馆馆长，就立即招聘了对目录、校雠之学有一定造诣的范希曾入馆从事目录编纂、研究工作。

范希曾字耒研，江苏淮阴人，毕业于南京高等师范，为柳诒徵受业弟子。多年来，他勤于目录学、校雠学的研究，曾先后撰著了《南献遗征笺》、《评〈清史稿·艺文志〉》、《天问校语》等，深为柳诒徵赏识。柳诒徵招他入馆，除了让他协助编修《国学图书馆图书总目》外，还让他集中时间，从事《书目答问》的研究、补正。

《书目答问》是有清以来继《四库全书总目》以后出现的一部影响最大的目录专书，深受读者欢迎，重印再刻，流传极广。不过，由于作者封建正统思想较浓，以及成书仓促，该书存在着收录繁简失当，分类未尽合理，版本舛讹、缺略等不足。为了使这部编于光绪二年（1876年）影响极大的目录书能为民国时期的学人有效地加以利用，范希曾想采用补正之法，在保持原书体例的基础上，对原书进行修正补充。柳诒徵对他的想法予以充分的肯定，并为他早日完成这一具有学术意义的补正工作提供了必要的方便。

在柳诒徵的支持下，范希曾经过三年努力，终于撰成了《书目答问补正》。这部补正之作，纠正了《书目答问》原有的书名之误、卷数之误、作者之误、版本之误；补充了原书漏记的版本，以及光绪二年（1876年）以后补刊的版本；补收了一些和原书性质相近的书，其中大多数是后出的书，直至1930年止。经过这一番修正补充，《书目答问》内容更为充实、完善，条理更为清楚，成为一部适于今用的综合性、学术性的古要籍目录。

1930年7月10日，范希曾在刚完成《书目答问补正》后，即因病与世长辞。柳诒徵怀着对门生英才早逝的痛惜心情，以及推动目录学研究的热心衷肠，于1931年由他所主持的国学图书馆将其遗著《书目答问补正》排印出版。在这本书的序言中，柳诒徵充分肯定了范希曾的学术贡献。他写道：

（《答问》）在光绪初足为学人之津逮者，至晚近则病其漏略矣。郎园（叶德辉）批校增辑之三四本未印行，江氏笺补亦未广，希曾所辑最后较备。

范希曾《书目答问补正》问世后，受到了学术界的普遍重视，不少学者给予了高度评价，著名历史学家柴德赓说："一人出力，众人得益，不仅可称《书目答问》的功臣，实在也是对近代学术的一种贡献。"[1]然而，人们在称赞范希曾的学术功绩时，都忽略了柳诒徵在其背后的默默奉献。应该说，范希曾这位学术功臣是站在柳诒徵这位目录学大师的肩膀上才撷取下这颗学术硕果的，如果没有甘作人梯的柳诒徵在他著述前后的大力支持，也许他的这部有功学林的目录之书根本不可能问世。

6.2 版本精识

在中国国学领域中，与目录学关系密切，并且有着同样重要意义的，还有版本学。

我国至唐末发明雕版印刷术以后，书籍迅速丰富，各种刻本广为流传。刻本广传有利于文化发展，本是好事，但凡事利弊共生，刻本广传后，又带来了版本问题。南宋著名诗人陆游在《老学庵笔记》中就记载了这样一件事：一位教官在考试生徒时，从麻沙本的《周易》中，出了一道使考生摸不着头脑的考题，"乾为金，坤亦为金，何也？"有人怀疑此题错了，应为"乾为金，坤为釜"，监本《周易》即如此。那位教官赶紧去核对，果然发现麻沙本错将"釜"刻成了"金"。这件事生动地说明，选择、鉴定版本已为治学所必需。在这种情况下，辨明版本真伪，分别版本优劣，确定版本价值，理清版本源流的版本学就自然形成了。

自清以来，版本学受到了学者的高度重视，这不仅在于研究版本需要广博的知识基础，需要懂得用纸、墨色，熟习字体、刀法、行款版式、封面印记、时代风尚，了解刻印源流，藏书名家可以借此表明一个学者的见识水平；而且，在于考据学派所从事的辨伪、辑佚、校勘等工作，都与版本学大有关联，不懂版本学，辨伪可能无据，辑佚可能误收，校勘可能误断，要进行科学的考据，非懂得版本学不可。

---

① 柴德赓：《书目答问补正序》，中华书局，影印本第4页。

柳诒徵受清代学风影响甚大，前已说过，他的业师缪荃孙就是著名的目录学家、版本学家，因此，他走上治学之路后，十分留意古籍版本，注意研究版本学。1927年，他当上了国学图书馆馆长，馆内丰富的珍本善刻，为他研习版本学提供了绝好的场所。在这藏满珍本善刻的古籍宝库之中，他将理论与实践结合起来，一方面继承前人研究成果，一方面积累鉴识经验，提高自己的版本学水平。在此基础上，他不断总结自己的钻研心得，提出对版本学研究的专门论述，同时，尽其所能，影印馆藏宋、元秘椠，让昔日藏书家秘室中的珍宝成为学术界的公器，借以推动版本知识的普及。

在版本学研究方面，柳诒徵与清代版本学家侧重点有所不同。清代版本学家多侧重于版刻形式的研究。如以收藏众多珍本善刻闻名海内的常熟藏书家、版本学家钱曾就专心研究了如何从古籍的版式、行款来判断版本的雕刻年代；曾购得宋刻百余种，名其室为“百宋一廛”的吴县版本学家黄丕烈曾着力总结宋、元版式特点，指出“宋版本纸背多字迹”，元版“板大而字细”等诸多有名论断。柳诒徵则侧重于版刻源流的研究，如他曾研究了明代南监本的版刻源流，写下了《南监史谈》①。

南监，明代南京国子监。国子监为封建时代国家的最高学府，从五代以来，国子监都设有刻书机构，所刻书名为“监本”，以校刻精审而著称。明代有南、北二京，都设有国子监，且都刻印了许多经、史书籍，其中尤以南监刻印的“二十一史”最为有名。柳诒徵为了揭示南监“二十一史”的版刻状况，根据文献记载，结合亲眼所见，详细考察了南监“二十一史”的版本来源、翻刻时间及特点。他在《南监史谈》中指出：

（南监二十一史）其中故有宋版者七，元版者十，惟辽、金二史翻刻元版，宋、元二史为明版。沿及清初，各史又多有顺、康补刊之版。故南监二十一史，实合江南、四川、广东、北平各地版本，亘宋、元、明、清四

① 柳诒徵：《南监史谈》，《江苏省立国学图书馆第三年刊》，1930年。

朝，搜集、雕刊、翻修、校订，绷绷之不绝者七百年。

其大规模之雕版，则以嘉靖七年至十年为第一期，所刊者为《史记》、两《汉》、《辽》、《金》五史，余皆略事修补。万历二至二十四年为第二期，所刊者为《史记》、《三国志》、《晋书》、《宋书》、《南齐书》、《梁书》、《陈书》、《魏书》、《北齐书》、《北周书》、《隋书》、《南史》、《北史》、《新五代史》十四史，其余随时补刻，迄启、祯不替。

嘉靖刊本与万历刊本之异点，则嘉靖只载祭酒、司业衔名，余官不附书；万历刊本，则遍载寮采也。

经过他这一番研究，南监“二十一史”版本，源流毕现，为来者研究、利用南监“二十一史”提供了方便。

版刻形式、版本源流，都是版本学研究的重要内容，但就学术意义而言，版本源流的研究则更为重要。而且，版本源流的研究，对研究者的水平要求更高，它非但要求有丰富的鉴识经验，还要求有一定的文史造诣，了解学术发展，否则，难以为之。

清代学者之所以重视版刻形式，与其将宋、元珍本视作古董，搜奇藏秘有关。钱曾自称“佞宋”，黄丕烈亦称“佞宋主人”，即反映了他们研究版本的意向。民国建立以后，社会文化的发展、公共图书的要求，已迫切需要版本学家将版本知识普及，让藏书家手中的珍本秘刻，为广大读者服务。适应时代的需要，柳诒徵做了大量的工作。

国学图书馆藏有浙江丁氏“八千卷楼”大批宋、元善本，为了让这批善本为社会所用，柳诒徵膺任国学图书馆馆长后，即着手筹划印制书影，经过精心筹备，国学图书馆先后推出了《盋山书影》三册，其中宋本一册、元刻二册。柳诒徵为此特地写了序文，表明了影印书影的动机。他说：

盋山图书馆所藏钱塘丁氏善本，故与皕宋楼、海源阁及铁琴铜剑楼相颉颃，十许年来，寻藏者珍秘已甚，嗜学之士恒以不得一睹为憾。诒徵阅之，即为更订阅览之章，复拟匀资逐部依式印行，限于财力，尚稽时日。

先就宋刊本撰取尤精者，以石印法汇制书影，俾海内学者得家觌而户购焉。

为了帮助读者增加版本知识，提高鉴识水平，柳诒徵还在《盋山书影》中为每种影印的书影写了较为详细的考识，介绍其版刻特点及学术价值。

《盋山书影》的出版是中国近代图书馆界中罕有的盛事，它使人所奇秘的宋、元珍籍大布于天下，使读者大开了眼界，切实了解了宋、元版刻特点，增长了版本学知识。这项有惠于学林的版本学工程，是柳诒徵在推动版本知识普及方面所做出的最重要的贡献。

版本学是一门实用性很强的学问，它不但可为考据学服务，而且可为国家文博事业服务。柳诒徵是一个既有系统的版本学理论，又有丰富实践经验的高水平的版本学家，在图书、文博界具有很高的学术声望，然而，他并没有以专家自居，把自己关在纯学术的象牙塔之中，而是努力用自己丰富的版本学知识去为社会服务，为国家文博事业服务。

柳诒徵一生中曾多次应邀考证、鉴别各地发现的古书，为国家抢救出许多珍贵图籍。尤其值得提到的是，新中国建立初期，他在上海应陈毅市长之聘担任文物管理委员会委员时，曾从各方接收、捐赠的大量书籍中，发现了许多善本。他的《劬堂日记抄》中屡有记载，如：

一九四九年九月二十八日，阴雨，乘车赴会。检《书舶庸谭》，得《重广会史》，乃北宋本。

一九四九年十月初十日，阴雨。晨赴会，视书籍多有沾雨者，徐森老谓可借油布来盖。命工友开两箱，属程登记，得徐积余藏元大德本《南史》；又陈眉公评《西厢记》，吴瞿安所未见者，森老认为好书。此外，有莫子偲所藏《子华子》，钱謍石所校《稽古录》等，皆善本也。《荆川左编》得卅二本，未全；高丽本《史汉一统》，曩所未见；尹公得一《杜诗》，亦元椠。

这些善本，后都由国家珍藏。

柳诒徵在检索古籍时，为了使所发现的善本能传之后世，将其版式、行款、批识、藏印都作了详细记载，积成《检书小志》八册。这本尚未公开印行的版本学专著，是他在余生之年为版本学的发展所作的最后贡献。

6.3 书法名家

文字，本是表达思想的工具，但以象形为基础的中国方块字，不但具有表达思想的功能，而且以其与画相通的内在结构，具有丰富的艺术意趣。在中国文化发展史中，它以独特的文化意蕴和艺术魅力，占有十分重要的地位。

自古以来，中国的读书人往往把写字看成学问的门面，十分注重。不过，写字与书法不可同语，书法需要长期揣摩、练习，需要有一定的艺术修养，因而，中国的读书人虽注重写字，真正成为书法家的却是少数。

柳诒徵从小就开始练字，经过几十年的不懈努力，学会了书写真、行、草、隶、篆等各种字体，并形成了别具神韵的艺术风格，成为近代名噪东南的书法名家。

柳诒徵练习书法是从习写篆字起步的。他习写篆书的启蒙老师是晚清镇江书法名家孙维祺。孙维祺对他说，要写好字，不能依样画葫芦，跟着别人写，而必须先看东汉许慎的《说文解字》，了解每个字的来历。当时，柳诒徵还不知道《说文解字》是什么书，听说有一位姓张的先生家有这种书，就向他借。可是，张先生惜书如命，不肯全部借出，只肯一本一本借。于是，柳诒徵只得借一本抄一本，这样，抄下了整部《说文解字》。以后，又照着抄《说文解字》的样子，一字一字地抄录了《尔雅》，从而懂得了习书篆字的奥诀。篆字强调用笔圆劲匀适，注重字形间架和布局，章法有致，法度森严。习写篆字，就为以后习写其他字体打下了用笔、构架、布局的基础。

孙维祺教柳诒徵习篆书年岁不多，即因病去世。因家境不好，孙维祺家人只得将其收藏的自十本碑帖出售。柳诒徵买下了其中的《石门颂》、《西狭颂》等汉隶碑帖，由此产生了习写隶书的兴趣。

《石门颂》是汉代大型摩崖刻石，笔势瘦挺，意态恣肆，结体雄健，历来被认为是以篆书用笔来写隶书的典范；而《西狭颂》方整雄伟，用笔朴厚，方圆兼施，更具成熟汉隶的风韵。这两种碑帖是由篆入隶的代表，正切合柳诒徵从篆习隶的需要。柳诒徵以这些名帖为摹本，精心研习，从而窥透了篆隶转归的要诀，使自己的隶书大为长进。

1920年，柳诒徵从镇江来到南京。这位刚入府城的书法爱好者，一安顿停当，就四处走访书法名家。不久，他结识了以擅长篆、隶闻名的书法家、镇江同乡吴芷舲先生，于是，时常上门请教。在吴芷舲先生的指点下，他的篆书、隶书水平都有了进一步的提高。

柳诒徵是一个勇于进取的人。他在研习篆书、隶书有所成之后，又拜书法家李梅庵先生、欧阳竟无先生等为师，学写钟鼎文、魏碑和《泰山金刚经》等。以后，更研习唐代书法大家颜真卿的各种名帖，向楷书、行书发展。

钟鼎文、魏碑、《泰山金刚经》都内蕴雄浑，古穆遒厚，为培植笔力、开拓异趣所必需；而魏碑化篆入楷，更是研习楷书所应涉足的法门。至于颜真卿楷书，端庄伟岸，雄秀特出，气势迫人；行书挺拔奔放，圆劲苍古，本为宋代以来习楷、行书者所公认的范本。柳诒徵从这诸多名碑范帖入手，潜心观察，反复临写，博采众长，锐意出新，使自己的楷书、行书都进入了法家意境。

中国文字的演进，由篆入行。柳诒徵练习书法，亦由篆入行，这不是偶然的巧合，而是他本着学习书法的“先工后意”的原则，为打牢书法根基所作的刻意追求。中国古代书法大家，习书往往从习书篆、籀起始，所谓“古大家之书，必通篆、籀，然后结构淳古，使转劲逸，伯喈以下皆然”[①]。柳诒

① 丰坊：《书诀》。

徵正是循着古代书法大家习书的途径，一步步深入，坚持系统学习，不急于求成，不以一招一式赢取声名，因而他书法功力深厚，笔法中矩，毫无浮滑、轻躁之病。

书法是一门内在的综合艺术，它不仅要求刻苦练习，反复实践，更要求广识博学，有较高的文化修养，所谓“退笔如山未足珍，读书万卷始通神”。柳诒徵是具有高深文化修养的学者，因而他能够洞识书法的真谛，学古不泥古，随己意用笔，荟萃诸家大成，独创一家风格。

柳诒徵的篆书横竖成行，线条圆劲，法度严谨，虽创意不多，但端姿旁逸，婉丽通畅，自有奇采；隶书典重雄俊，骨气古雅，神韵超逸，深得造化之妙；楷书遒劲坚实，外柔内刚，意态从容，雄秀兼得；行书寓篆、籀遗意，浑厚圆熟，顿挫起伏，神采飞扬；草书沉着飘逸，刚健婀娜，错落有致，体态自然，是中国近代书法园地中的一朵光华夺目的艺术之花。柳诒徵作为一个众体兼备的学者型的书法名家，在中国近代书法家行列中毫无疑问有着一定地位。

柳诒徵一贯主张学识、技艺应服务于社会。他的书法成名后，求书者络绎不绝，他从不拿腔作势，也不索取铜钱，诸凡楼额、楹联、堂幅、条山、扇面，俱精心布局，刻意书写，让求者满意。因此，他挥毫作墨，十分忙碌，据其受业弟子季廉方先生回忆：

> 求书者踵接，几案积纸盈尺，某休沐往谒，正值展纸作书，或擘窠汉隶，或钟鼎，或正楷，连书楹联、条幅、堂幅数十纸，笔走龙蛇，不觉累，还积债也。旧债未尽偿，而新债踵至。[①]

可他非但毫无怨言，反而把别人求书作为艺术追求的动力，欣然操劳，不断进取。

---

① 季廉方：《陶风楼杂忆》，载《柳翼谋先生纪念文集》。

柳诒徵成名不居名，真正表现出大家风范。他在书法艺术上的刻意追求与努力服务于社会的精神，对后人亦有所教益。

6.4　诗歌妙才

柳诒徵不但善于书法，而且善作诗歌。

中国本是一个诗歌的王国，上古一部包容了305首诗的诗歌总集《诗经》，被尊崇为儒家的经典，就足以说明诗歌在中国文化中的独特地位。唐代实行科举制，作诗又直接与仕进挂钩，更使诗歌在文士心中扭系上了一个无可解脱的情结。千百年来，文人学士秉承儒家鼻祖孔子“不学诗无以言”的遗训，从读书识字起，即开始学诗。

柳诒徵从小也开始学诗。当他六七岁时，他的母亲即向他口授唐人绝句、律诗，又依次为他讲解了《古诗源》、《唐诗别裁》，[①]使他腹中储藏了五六百首古代诗歌，初步了解了格律、声韵，打下了学诗的基础。以后，他又先后向李亚白、王湘绮等诗坛前辈学习，研读了不少诗歌专集，窥破了作诗的樊篱。柳诒徵本就聪敏灵慧，学诗又极为专心，前辈指点，俱能凝神作思，用心领会，因而进步很快，举凡五七言绝、五七言律、七言歌行等，都能从容构作，而无论唱和酬答，还是心感所发，所作大都圆健雄浑，情感饱满，极为学界同仁推奖。

柳诒徵诗歌创作思想和艺术风格，深受清代雍、乾诗人蒋士铨和黄景仁的影响。

蒋士铨，字心馀，与袁枚、赵翼并称雍、乾三大家。他主张写诗要“多读书”，反对“惟务规模格调，摭拾藻绘以巧文”；认为写诗应写“性情”，而性情不在于个人遭际，而在于表达“忠孝节烈之心，温柔敦厚之旨”。他的不少诗作歌颂了“烈妇”、“节母”，并对受盘剥、受饥饿威胁的劳动人民表示同情。

黄景仁，字仲则，才华横溢而家境贫寒，35岁时，即因贫病所缠去世。

① 柳诒徵：《我的自述》，载《柳翼谋先生纪念文集》。

基于特殊的生活境遇，他的诗大部分反映了个人的愁苦生活，基调伤感，相当缠绵，很有艺术感染力。

柳诒徵出身孤苦，从小依靠寡母抚养，并接受过系统的儒家文化教育。由于个人的家庭生活环境，他对“忠孝节烈、温柔敦厚”八个大字，不仅有深刻的理性认识，而且有切肤的生活感受。他长大后，沉浸于文史研究，对多读书的重要性又有足够的了解。正是个人的生活经历，他对蒋士铨的创作主张和黄景仁的诗歌作品产生了本能的共鸣。他在学诗过程中，曾仔细研读过蒋士铨的《忠雅堂诗》和黄景仁的《两当轩诗》，体会他们的诗歌情感，学习他们表情达意的创作技巧。

柳诒徵善于学习前人，他学习蒋士铨、黄景仁的诗歌创作，不为他们的模式所拘囿，而是根据自己的认识，兼采其长。他首肯蒋士铨的意旨，而力校其平直；重视黄景仁的情蕴，而摒弃其感伤，因此，他的诗歌辞旨正大，豪雄而富有情感。

柳诒徵一生敬仰儒家学说，对儒家文化的奠基者孔子，以及儒学名人有一种尊敬的情感。在他的诗歌中，常常表述出探寻儒学真谛、弘扬传统文化、表彰儒学传人的意向。他有一首古体《登泰山作》，借景咏情，非但代表性地表露了他的思想情感，而且很好地体现了他的艺术风格。

岱宗如孔孟，骤观止寻常。
遵道入深处，高奇固难量。
混元涵两仪，严正藐百王。
梯天何坦荡，云日相蔽藏。
廓然一阊豁，大宇青堂堂。
他山盛峰石，谲诡腾辉光。
到此感自失，一拳陋寸长。
我来值盛夏，冒寒陟上方。
真相窥乾坤，岂独小吾疆?

伸眉逼帝座，跳足摇星芒。
嗤彼杜陵叟，绝顶徒相望。

泰山巍峨，气象万千，不但以登高观日名闻天下，而且以封建帝王封禅祀典，独步海内。古往今来，无数文人墨客攀游泰山，留下了众多华章，或咏山势峻伟，或抒壮志豪情。柳诒徵与众不同，登泰山想到孔孟学说，将登山比喻为探求儒学真谛，借物咏怀，寓情于景，景移意深，步步推高，游山之情与探学之情融为一体，自然浑圆，语气含蓄，虽有扬道求理之意，却无道学做作之气。

柳诒徵一生以治史为主，视诗词创作为余事。尽管如此，他诗情满怀，遇有所感，常铺展成诗，又每每与友互相唱和。他继承中国古代诗歌创作的优良传统，作诗总要“鸣其兴观群怨之意”[1]，力图反映现实生活，决不玩弄词藻，虚言敷衍，无病呻吟。他有一首赠著名桥梁学家茅以升的七言古风，最能体现他诗作的现实主义精神。

秦皇鞭石不入海，钱江浩浩三千载。
吾门茅生短且悍，麾斥风霆泣真宰。
手提八百钢铁梁，齿衔轮辏随圆方。
植之波窟数十丈，高栋矗立天中央。
泺口郑州安足比，彼籍客卿此自起。
万夫邪许忘昕宵，粤赣宁苏旋通轨。
潮为人用永载桥，锋车坦坦潮头驶。
杭人惊诧破天荒，钱镠铁弩诚无俚。
嗟乎读书嗜考工，轮舆图疏攻难通。
茅生绩学乃祖风，水工独步江之东。

① 柳诒徵：《我的自述》，载《柳翼谋先生纪念文集》。

为予摄影临长虹，真人无际招髯翁。

誓将从汝江头镇蛟蜃，悔绝往日牖下笺鱼虫。

钱塘江大桥建于20世纪30年代，由柳诒徵的受业弟子茅以升设计，中国人自行建造，它是中国人智慧勤劳的象征，也是中国人自力更生的骄傲。1937年，柳诒徵参观钱塘江大桥工地，写下了这首诗。本来，作为赠诗，他尽可以虚言宣达，赞扬弟子成就，然而，他的笔触却从弟子成就，引向了中华民族自力更生的精神，引向了人民群众的创造力，所谓“泺口郑州安足比，彼籍客卿此自起。万夫邪许忘昕宵，粤赣宁苏旋通轨”，语气铿锵，豪情飞扬，完全超脱了狭窄的师生情怀，充满了广阔的社会情感，对当时所有备受外国列强凌辱、图谋求国自强的中国人，又是何等的鼓舞。

柳诒徵早年即以能诗闻名乡里，以后，他在社会实践中不断磨炼，形成了独具一格的艺术风格。他一生写下了众多诗篇，凝结着他诗歌艺术心血的八册未刊的《劬堂诗稿》，非但是研究他诗歌艺术特色的宝贵资料，也是中国近代诗坛的宝贵财富。

第7章 简 评

有一位著名学者曾把柳诒徵与中国近代变法维新派的著名代表人物、新史学的奠基人梁启超作过这样一种比较：

> 近今吾国学者人师，可与梁任公联镳并驾，而其治学方法亦相类似者，厥惟丹徒柳诒徵先生翼谋。两先生皆宏通博雅，皆兼包考据、义理、词章，以综合通贯之法治国学，皆萃其精力于中国文化史；皆并识西学西理、西俗西政，能为融合古今，折衷中外的精言名论；皆归宿于儒学，而以论道经邦，内圣外王，为立身之最后鹄的；皆缘行道爱国之心，而不能忘情于政治事功；皆富于热诚及刚果之勇气，能以浅显犀利之笔，为家喻众晓之文；皆视诗词等为余事，而偶作必具精彩。此皆两先生根本大端之相同处。若其出处行事之迹，以及声名大小，显晦有异，则时世与境遇为之。[①]

柳诒徵与梁启超在治学方向、治学方法方面确有上述诸多相似之处，这种比较可说大体是不错的。然而，柳诒徵毕竟不是梁启超，拿柳诒徵与梁启超相比，两人在思想历程、治学风格等方面本有诸多不同，而这种不同，正构成了柳诒徵有别于梁启超的学术特色。

① 吴宓：《论柳诒徵诗》，载《柳翼谋先生纪念文集》。

梁启超一生学术思想是多变、不稳定的。他早年接受封建历史观，后来崇信进化论和历史因果律，“五四”以后，又对进化论和历史因果律表示怀疑，对“一治一乱”的传统循环史观有所赞同，说：“我们平心看一看，几千年中国历史，是不是一治 一乱在那里循环！何止中国，全世界只怕也是如此。”[1]他早年崇奉儒家文化，流亡日本后，“思想为之一变”[2]，对儒家学说提出了大胆的批评，“思以数年之功著一大书，揭孔教之缺点”[3]，晚年则又反思过去，对儒家文化表示眷念。

柳诒徵一生学术思想则是稳定、逐步发展的。他早年接受封建复古史观，思想倾向较为保守，以后，在时代变迁和进步思潮的影响下，逐步形成了进化史观，相信历史因果律，并初步接受了马克思主义的唯物史观，至死未曾动摇。他早年崇奉儒家文化，以后，虽随着时代的发展，对儒家文化精神有新的理解，但对儒家学说基本要义的肯定始终没有改变。

柳诒徵一生从未对儒家学说作过批判，而且在历史研究中，不时流露出对所谓上古三代治世的迷念，这正是他近几十年来一直被抨击为封建复古主义史学家的要结。

其实，本着实事求是的学术态度，本着在一定历史范围内评价历史人物的科学原则，对柳诒徵的学术思想作历史的、客观的分析，我们不难发现，给他戴上一顶封建复古主义的帽子是不公正的。

诚然，儒家学说在中国几千年的历史发展中，在封建统治者的改造下，产生过不少消极影响，当近代社会变革的浪潮涌动时，有进行批判的必要。但儒家学说毕竟包蕴着众多民主性的精华。而且，正是它构成了中国传统文化的基本内核，构成了中华民族文化的灵魂。从唯物主义观点看，儒家学说在中国文化中的独特地位，并非仅仅靠封建帝王的政令所能造成，实际上，它是整个民族社会观念、价值取向认可的必然。因此，对待儒家学说的

① 梁启超：《什么是文化》，见《饮冰室合集·文集之四十》。
② 梁启超：《论学日本文之益》，见《饮冰室合集·文集之四》。
③ 梁启超：《与夫子大人书》，转引自《梁启超年谱长编》，上海人民出版社，1983年版。

科学态度，只能是批判地吸收，合理地扬弃，去其糟粕，取其精华。

柳诒徵对儒家学说确实缺少一点批判精神，但他并不是盲目地崇拜，原封不动地照搬照抄儒学教条，而是随着时代的推移，不断从新的视角对儒家思想进行新的理解和改造。他在《中国文化史》中对儒家忠、孝道德观的阐发，对孔子基本学说观点的把握，就是这种新的理解、新的改造的证明。

在儒家学说的旗帜下，采用改造的方式，表达自己的独到见解，本是中国传统思维方式之一。在中国历史上，不少进步思想家曾在儒学外衣下，表达过自己的进步观点。远的姑且不说，近代变法维新的显赫人物康有为就曾写过《新学伪经考》、《孔子改制考》，在研究今古文经学、孔子改制的旗号下，否定汉学、宋学，宣传历史进化发展，为变法维新张目。在不同的历史时期，柳诒徵理解、改造的儒家学说内容，虽与康有为不同，但就其表达思想的方式和基本趋向而言，却是一致的。在中国这个具有浓重儒家文化氛围的国度中，采用改造儒家学说的方式来表达自己的见解，自有它的合理因素和积极意义。我们决不能因为柳诒徵采用了这种方式，就不分青红皂白地对他进行抨击。

综观中国近代思想战线，对儒家学说批判的多，再造的少。批判自然是时代的必然，封建专制主义时代的结束，民主、共和新时代的开创，需要在思想领域来一番暴风骤雨般的洗涤，以去除千年积垢，解放人们思想。然而，一味地批判，不进行消化、吸收，则可能使民族文化的元气大伤。正像中国传统医学以“泻”法来治疗痞瘕顽疾，应懂得“泻”、“补”兼施，一味“泻”而不知“补”，则可能导致症消人亡。柳诒徵对儒家学说的再改造，从某种意义上说，正是大“泻”之中的一种“补”。虽然，这种“补”似乎有点不合时宜，但从长远看，却有着一定的历史意义。今天，全世界对儒家文化价值的普遍认同，应该说，正是无形之中对柳诒徵学术思想的一种肯定。而且，即使回到20世纪初，当伴随着批判的声浪，民族虚无主义悄悄泛起时，柳诒徵带着高度的民族自豪感，以弘扬民族文化的严正立场，肯定以儒家学说为核心的中国传统文化的价值，亦有着恢复民族自信心的积极意义。

柳诒徵在治学过程中不时泛现的“三代至上”史观，是他学术思想中的一个缺点。不过，我们不能就此简单地论定他是一个复古主义者，而应当回到他所生活的具体时代中，进行实事求是的剖析。

中国本是一个以农业小生产为基础，以宗法血缘纽带为网络的社会，稳定安宁的农业生活和强固、延续的宗法传统遗风，构成了中华民族重实际、重经验、重历史传统的意识形态特征。随着这些特征的累积，逐渐形成了一种“唯古式训”、“信而好古”的文化心理定势，“三代至上”也就成了儒家思想的传统信条。

柳诒徵生活在以传统文化为主的社会氛围之中，而且从小即接受儒家思想教育，无论学术思想还是思维方式，都深深地烙上了传统的印记，因此，每当他考察社会发展，遇到对现状不满，需要对比论证时，便往往不自觉地回归到传统的学术基点进行反思，以“三代”来比附，以“三代”来对比。更何况，在北洋军阀政府腐败，战乱不休，人民置身水火；少数民族虚无主义者鼓噪中国无望，中国人种低劣，根本不懂民俗、民权，要改种换根的历史背景之下，作为有强烈民族自尊心的历史学家，想起“三代治世”的传统历史教训，以此作为武器，来批判北洋军阀政府，回击民族虚无主义，振奋民族精神，便是十分自然的事情了。

从文化传统、历史背景考察，柳诒徵“三代至上”史观的不时泛现，并非是他有意识地要将历史车轮倒转，而只是在传统文化心理支配下的对现实反思时的不自觉的历史回归。虽然这种回归在一定的历史场合有着相当消极的作用，应该受到批评，但由此论定为复古主义，则言之过当。

柳诒徵一贯肯定儒家学说，在不同的历史时期，以其重新理解的儒学精神作为治学的基本支点，是他治学的特色之一。

梁启超治学风格是犀利、痛快淋漓的。他所写的文章，往往充满激情，有一种高屋建瓴的气势。由于注重构造史学理论体系，他的文章往往论述多于实证。

柳诒徵治学风格则是平和、委婉、晓畅的。他所写的文章，往往注重理性的分析，有一种春阳融冰的气象。由于注意谨严缜密，他的文章往往实证多于论述，力求以资料说明问题。

以儒家学说为核心的中国传统文化，一贯讲求“中庸”、“平和”，反对偏激，柳诒徵少年时，母亲就教导他治学要谨守范围，不能率意恣为。柳诒徵长大后，深深服膺“中庸”、“平和”之论，认为“儒者自有其要，曰中曰和，为自古相传之‘通术’”[①]，并牢记母亲教诲，在治学中力戒以情攻讦。他思想成熟后的诸多论述，基本做到了两点论，实事求是地分析历史问题的得失，不争意气，不固执一端。如他在《中国文化史》中论述宋代王安石变法，指出“其施行太骤，陈义太高，蚩蚩之民，相率咨怨；而奉行之官吏，又不能尽如立法之意，有以贻反对者之口实也”。同时又肯定王安石变法条文确有建设之处，可供治世采用，认为假如旧党司马光等执政日久，“惟其建设之法，必有鉴于王、吕等”[②]。立论平和，毫无捧新卫旧、偏论一方的味道。

柳诒徵注重立论平和，并不意味着调和折衷，随时俗转移。恰恰相反，在许多重大历史问题上，他都能以唯真理是求的精神，坚持自己的观点，不为时俗所动，以平和的方式，明确表明自己的意见。他在近几十年遇误解、遭抨击，就是因生前未随时俗所致。

柳诒徵是受过严格而系统的旧学训练的学者，虽然他反对乾嘉学派孜孜以求于考据，脱离社会的学风，但他对乾嘉学者搜集佐证，重视资料，讲求“无一字无来历”的治学方法深为赞同。他的研究，力求凭证据说话，断语总是从排比、综合大量史料后，提炼而出；即使抒发己见，也总是因事衍广，决不妄生枝蔓，论述虽不免趣味不足，但行文晓畅，节目贯通。

讲求平和，坚持立场，力求谨严，是柳诒徵治学的又一特色。

---

① 柳诒徵：《国史要义·史术第九》。
② 柳诒徵：《中国文化史》第二编第十九章《政党政治》。

附录　柳诒徵学术年表

1880年

柳诒徵诞生于镇江。

1896年

赴金坛应童生试，入府学读书。

1900年

进江楚编译书局，受业于缪荃孙。

1902年

随缪荃孙、徐乃昌等赴日本考察。9月，编就《历代史略》。

1903—1910年

先后与友人创办南京思益小学、江南中等商业学堂、镇江大港小学，兼江南高等学堂、两江优级师范教习。编就《中国教育史》、《中国商业史》、《商业道德》、《伦理口义》等。

1911年

任镇江临时县议会副议长，镇江中学校长。

1912—1914年

在北京明德大学任历史教员，兼斋务主任。

1915—1924年

回南京，应江谦聘，任南京高等师范学校国文、历史教员，兼河海工程学校教员。1923年，南京高等师范学校改并为东南大学，任历史教授。与友人创办《学衡》及《史地学报》，编就《中国文化史》。

1925年

因东南大学学潮，辞去东南大学教职。赴辽宁，任东北大学教授。

1926年

赴北京，任北京女子大学教授，兼北京高等师范历史教员。

1927—1937年

回南京，任第四中山大学筹备委员，不久，改任国学图书馆馆长。曾主编《国学图书馆图书总目》，印制《盋山书影》，在《国学图书馆年刊》上发表过一系列论文。

1938年

由浙江杭州赴江西泰和，任教于浙江大学。猝然中风，病后，赴江苏兴化避兵。

1939—1941年

在江苏兴化避兵。

1942—1945年

赴重庆，任中央大学文学院研究生导师，撰《国史要义》。遴选为教育部部聘教授，推举为中国史学会会长。

1945年秋

返南京，复任国学图书馆馆长。

1947年

兼任国史馆纂修。

1948年

当选为中央研究院第一届院士（历史组）。

1949年

赴上海。受陈毅市长聘，任上海市文物管理委员会委员。

1956年

在上海病逝。

后 记

还是在大一时，我知道了中国近代有过一场疑古之争，也知道了柳诒徵先生。只不过，当时的印象，他是一个思想保守的复古主义史学家。

时隔数年，柳诒徵先生最有代表性的学术名著《中国文化史》再版，我得以通读全文，对他的印象有了改观。去年，我接受了撰写《柳诒徵评传》的任务，开始对他的生平行事、学术著作进行全面的研讨，由此，更对他有了全新的认识。正是本着这些全新的认识，我写就了这部不尽成熟的书稿。

柳诒徵是一个学识渊博、思想深邃的学者，他的学术成果丰富多彩，他的学术体系博大精深，要准确地把握他的思想脉络，恰当地评判他的学术得失，全面地总结他的学术贡献并非易事。我深知自己的学识、功力，所以，当我接受撰写其评传任务时，颇费了一番踌躇。然而，当我想到这位卓有建树的国学大师在当代备受误解的历史命运，想到至今尚未有人全面、客观、公正地对他进行评判，便下了决心，不揣浅陋，去完成这个任务。

当我全力投入撰写这部评传时，我遇到了一个最大的难题，这就是资料的匮乏。由于历史的原因，公开介绍柳诒徵先生的文章极少，而他的一些重要论著，新中国成立后一直未予再版。为了解决这个难题，我多方努力：走访亲朋，四处查寻，